日本東北，……就從仙台出發！

宮城、山形、福島
的自然絕景與經典城鎮

邱文心——著

太雅

CONTENTS

封面與書名頁使用花笠舞圖片提供／山形縣花笠協議會

作者序

以仙台為中心，開始走訪日本東北

「為什麼選擇仙台?」除了台灣朋友好奇，在日本至今仍被問過無數次。

2013年，幾乎不公開露面的日本小說家伊坂幸太郎來到台灣舉辦簽書會，身為書迷的我當然不會錯過這個千載難逢的機會，還是大學生的我捧著心中第一名的小說《孩子們》興奮地前往會場參與這場盛會。在座談會中，於千葉出身卻定居仙台的伊坂幸太郎提到：「仙台是個適合居住的地方」，即便現在不是記得那麼詳細，仍對他大力推薦仙台這件事印象深刻，好像身為書迷不得不去一趟才行。

來到2015年，因交換留學前往日本關東，才有了第一次前往仙台旅行的經驗。當時就發現，仙台不是一個只玩一兩天就足夠的地方，並非這裡景點多到玩不完，而是這裡的街道、食物、生活步調都值得細細品嘗，因此在2016年獲得打工度假機會時，決定一定要到這裡專注地生活看看。

一開始是跟著伊坂幸太郎小說出現的場景開始走跳仙台，接著漸漸愛上這個充滿綠葉的城市。四季分明、有山有海、食物美味，這幾個魅力看似簡單，卻令我深深著迷，且在從事推廣東北觀光工作中，發現東北地區是個尚未被發掘的寶地，除了四季景色以外，還有火山湖、樹冰等限定祕境，以及充滿在地特色的祭典活動，越玩越停不下來。讓人想不到的是，住在仙台除了享受仙台的好，還能如此方便地探索東北的美。

本書中除了以較大篇幅介紹仙台以外，東北旅遊建議選擇距離仙台較近的南東北地區：宮城、山形、福島三縣，如果旅程中還有時間，也很推薦另外三縣岩手、秋田及青森。記得無論如何，一定要留幾天時間給仙台，「以仙台為中心玩東北」是我最推薦的東北旅遊方式。

撰寫本書時碰上疫情影響，非常可惜許多店家在疫情中歇業，無法推薦給大家，但也慶幸此刻能將最新的資訊分享出來。謝謝一路上許多人的幫助，謝謝家人與伴侶的支持，謝謝焙宜編輯、云也編輯、黃琦編輯的專業協助，並感謝湘伃編輯的邀請，讓本書得以順利出版。

雖然在疫情中，一度讓「旅行」成了高難度的任務，但我仍相信不是只有人擠人、前往人氣景點才是旅行，只要試圖去認識一個城市，從在未知的地方開始散步的那一刻，就是旅行的開始！

邀請你從仙台出發、暢遊南東北！

作者簡介

邱文心

大學主修社會學，畢業後因喜歡伊坂幸太郎的小說來到仙台打工度假，從此愛上仙台的生活步調及街上滿滿的綠葉景色。平日工作離不開推廣觀光東北，假日喜歡在仙台散步、找間咖啡廳度過一個下午，長一點的假期就遊遍東北各地，發掘不為人知的美食、祕境、巷弄小店，並立志用文字把這些魅力傳達給更多人。

旅居日本六年多，仍相信生活即旅行、旅行即生活，將每段旅行都視作一段難得可貴的生活體驗，在悠閒的行程中，慢慢品味每個景點的獨特魅力。

f 住在仙台。facebook.com/sendaikurashi

IG @sendai.kurashi

FB QR code

IG QR code

如何使用本書

本書內容針對實用旅遊導覽書設身處地為讀者設想可能會面對的問題，整理旅人需要知道與注意的情報，提供實用資訊、玩樂景點、交通工具介紹、QR code 地圖，方便遊客前往探索旅行。

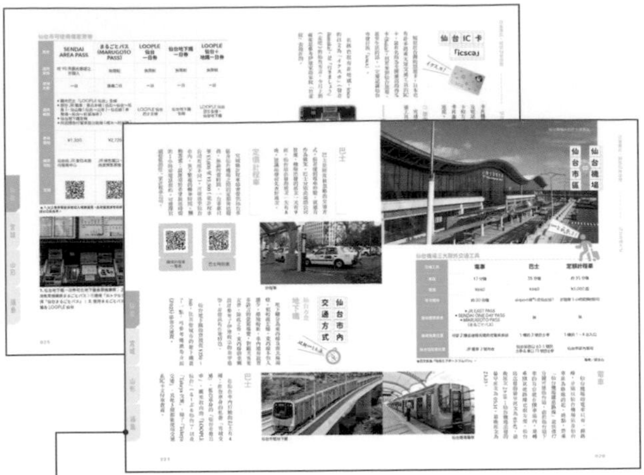

交通方式：建議如何前往的交通資訊，以及優惠的交通票券介紹。

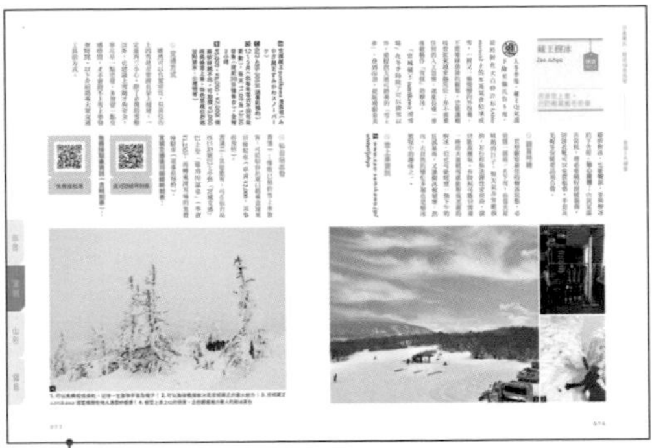

玩樂景點：值得一遊當地知名景點，每縣都列出絕景介紹。

資訊案內所：在地相關交通特別資訊的介紹。

地圖 QR code：推薦當地值得一遊的景點與店面。

土產名物：造訪當地旅遊不可或缺的名產紀念品。

臺灣太雅出版 編輯室提醒

太雅旅遊書提供地圖，讓旅行更便利

地圖採兩種形式：紙本地圖或電子地圖，若是提供紙本地圖，會直接繪製在書上，並無另附電子地圖；若採用電子地圖，則將書中介紹的景點、店家、餐廳、飯店，標示於Google Map，並提供地圖QR code供讀者快速掃描、確認位置，還可結合手機上路線規畫、導航功能，安心前往目的地。

提醒您，若使用本書提供的電子地圖，出發前請先下載成離線地圖，或事先印出，避免旅途中發生網路不穩定或無網路狀態。

出發前，請記得利用書上提供的通訊方式再一次確認

每一個城市都是有生命的，會隨著時間不斷成長，「改變」於是成為不可避免的常態，雖然本書的作者與編輯已經盡力，讓書中呈現最新的資訊，但是，仍請讀者利用作者提供的通訊方式，再次確認相關訊息。因應流行性傳染病疫情，商家可能歇業或調整營業時間，出發前請不妨先行確認。

資訊不代表對服務品質的背書

本書作者所提供的飯店、餐廳、商店等等資訊，是作者個人經歷或採訪獲得的資訊，本書作者盡力介紹有特色與價值的旅遊資訊，但是過去有讀者因為店家或機構服務態度不佳，而產生對作者的誤解。敝社申明，「服務」是一種「人為」，作者無法為所有服務生或任何機構的職員背書他們的品行，甚或是費用與服務內容也會隨時間調動，所以，因時因地因人，可能會與作者的體會不同，這也是旅行的特質。

新版與舊版

太雅旅遊書中銷售穩定的書籍，會不斷修訂再版，修訂時，還區隔紙本與網路資訊的特性，在知識性、消費性、實用性、體驗性做不同比例的調整，太雅編輯部會不斷更新我們的策略，並在此園地說明。您也可以追蹤太雅IG跟上我們改變的腳步。

IG taiya.travel.club

票價震盪現象

越受歡迎的觀光城市，參觀門票和交通票券的價格，越容易調漲，特別Covid-19疫情後全球通膨影響，若出現跟書中的價格有落差，請以平常心接受。

謝謝眾多讀者的來信

過去太雅旅遊書，透過非常多讀者的來信，得知更多的資訊，甚至幫忙修訂，非常感謝你們幫忙的熱心與愛好旅遊的熱情。歡迎讀者將你所知道的變動後訊息，善用我們提供的「線上回函」或是直接寫信來taiya@morningstar.com.tw，讓華文旅遊者在世界成為彼此的幫助。

太雅旅遊編輯部

「新型冠狀病毒肺炎（COVID-19）」日文稱作「新型コロナウイルス感染症」，又簡稱為「コロナ」（念作 Korona）。日本中央政府及地方政府在 2020 至 2021 年發布過數次「緊急事態宣言」，呼籲民眾避免外出、群聚及加強防疫措施，也嚴格限制觀光客的入境，2022 年終於鬆綁入境規定，國外觀光客人潮開始回流。但日本政府仍希望民眾繼續維持防疫生活，雖然不強制戴口罩，但路上主動帶口罩的人偏多數，不少餐廳也設置隔板防止感染擴大。

入境日本規定

雖然入境日本的規定逐漸放寬，但仍有相關規則需要注意，關於入境資格、簽證及是否需要接種疫苗或陰性證明書等相關規定，請在訂機票前再次確定日本外務省網站，並在出發前隨時注意規定是否有變化。

外務省

外務省：reurl.cc/28XZ8X

日本政府針對國外觀光客的呼籲

❶ 為避免群聚，盡量選擇於淡季前往旅遊
❷ 旅行前若有身體不適請取消旅行
❸ 使用公共交通工具時避免談話
❹ 前往各設施前請在入口配合體溫檢測及手部消毒
❺ 使用公共浴場時請避免交談
❻ 在餐廳用餐時，除了飲食外請戴上口罩
❼ 無論是否有接種疫苗都請貫徹防疫措施

日本觀光廳

資料來源：日本觀光廳（reurl.cc/10DZ1G）

觀光景點都有呼籲大家做好防疫措施

觀光景點都有呼籲大家做好防疫措施

仙台市、宮城縣、山形縣、福島縣各自都有發行防疫認證標章，主要針對餐飲業及旅館業，通過地方設定的防疫標準（例：餐廳座位設置隔板、入店前量體溫等等）才會頒發標章。想更安心旅遊的話，可以觀察店家門口有沒有貼上合格的防疫標章。

宮城縣

福島縣

山形縣

在日本感染怎麼辦

日本政府目前呼籲若出現疑似 COVID-19 的感染症狀，請盡量不要直接前往醫院，先選擇以下其中一個單位致電詢問，並依照指示進行檢查、治療或隔離。

❶ 各縣市的諮詢電話

選擇自己所在縣市，大部分的地區都有提供外語服務

查詢網站：www.jnto.go.jp/emergency/chc/mi_guide.html

查詢網站

---

❷ 日本觀光廳訪日外國人專線

★對應範圍：此專線可詢問包含 COVID-19 及其他病症、事故意外、與店家糾紛等等

★電話號碼：050-3816-2787

★對應時間：365 天 24 小時

★使用語言：中文、英文、韓文、日文

★相關網站：www.mlit.go.jp/kankocho/news08_000311.html

查詢網站

---

❸ 厚生勞働省外語專線

★對應範圍：針對 COVID-19 病症的洽詢

★電話號碼：0120-565-653

★對應時間：365 天，中文為 09:00 ～ 21:00 可對應

★使用語言：中文、英文、韓文、日文等 7 種語言

★相關網站：www.mhlw.go.jp/stf/newpage_15161.html

查詢網站

仙台

SENDAI

出入日本東北的重要門戶，非仙台市莫屬，這個宮城縣的縣治之城，位於宮城縣中央，是東北地區最大且是唯一的「政令指定」都市，也是前往日本東北要認知的第一選項。在此為你詳細介紹仙台的歷史小檔案、交通方式、景點、美食與文化體驗，幫助你規劃一趟深度了解仙台魅力的旅遊，現在就來一起出發吧！

城市簡介

從仙台藩，開啟仙台序章

西元1601年，伊達政宗成為仙台藩首代藩主，並建立仙台城，為仙台奠下城市發展的重要基礎。1871年廢藩置縣，1889年從縣改成市。兩年後開通JR東北本線全線（東京～盛岡），1907年成立東北帝國大學（現東北大學），1913年該大學誕生全日本第一位女大學生。交通、教育等方面的整頓，讓仙台越來越有朝氣。

1

宜居城市

位在宮城縣，仙台市為東北最大城市。根據日本都市品牌研究所的調查，仙台市2018與2019年在全日一千個市區町村中，連續兩年奪得第十名，雖然名次似乎不耀眼，但已勝過箱根、熱海等知名觀光地，即便並非令人趨之若鶩的人氣地點，但造訪一次就能感受到舒服宜人的氣息，而住下來更會被這裡的便捷與環境吸引，無法自拔。

交通便利

仙台交通建設在1980年代出現大躍進，維繫首都圈的「東北新幹線」在1982年開通，讓仙台前往東京及其他東北6縣都方便許多。搭乘最快速的車種，從東京到仙台只需90分鐘，打開一日往返出差之門。1987年仙台市地下鐵南北線開通，讓仙台成為東北第一、也是如今唯一有地下鐵的城市；2015年地下鐵東西線開通。

2

物價便宜

仙台擁有都市的機能，物價卻比東京便宜。在東京，大部分的人會為了住在房租便宜的地方而寧願拉長通勤時間，但在仙台卻沒這種煩惱，車站附近的住處也不會太貴，連帶節省了通勤時間。仙台的便利及眾多的工作機會成了極大的拉力，讓東北各縣的年輕人紛紛移住，使得人口超過旁邊面積10倍大的山形縣。今後仙台的發展值得注目，而城鄉差距也是東北的課題之一。

四季分明

仙台靠海近、離山不遠，在天氣上，比起東北寒冷又多雪的印象，仙台市的積雪量相對少，就算積雪也不容易超過一星期，原因是西邊的奧羽山脈能阻擋西北風造成的雪雲。若想看雪景，也只要一小時車程，就能在雪季時前往藏王山滑雪、觀賞樹冰，是個生活上不容易被雪困擾，卻能方便欣賞雪景魅力的好地方。

炎熱的日子不多，也沒也所謂的冰天雪地，仙台一年間的真夏日（當日最高氣溫超過30度）及真冬日（當日最高氣溫未滿0度）合計的天數為日本全國最少，由此可知當地的氣溫不容易大幅度波盪。

這裡各個季節都有非常豐富的景色。除了冬季雪景，春天絢麗的櫻花、夏天綠意盎然的生活街景、秋天泛紅的楓葉與亮黃的銀杏都是每年不會缺席的風情。著實是可享四季風情，又能方便遊山玩水的城市。

3

4

5

1. 仙台市景｜ 2. 伊達政宗像｜ 3. 藏王滑雪｜ 4. 仙台櫻花｜ 5. 仙台荒濱海岸

杜之都

伊達政宗的遠見，綠意融入城市角落

走在仙台的街上，可能會發現公園、樹木特別多，茂盛綠葉不但賞心悅目，在炎熱的夏季時更是遮陽小幫手。仙台有「杜之都」之稱，「杜」在日文有樹木茂盛的意思，若從數據上來看，仙台的綠地覆蓋率（公園、森林、農地等所占的面積）高達 79.3%，也是名列全國前茅。

植樹觀念代代相傳

之所以能夠保持綠化的環境，除了政府的推廣、市民努力維持以外，還可以追溯到四百年前伊達政宗的時代，當年伊達政宗建築仙台城時發現仙台鮮少樹木，因此獎勵家臣在城下町植樹，種著種著，範圍越來越廣，雖然經歷過戰爭、天災，無法完整保留當年原貌，但伊達政宗所提倡的綠地文化仍被傳承了下來。

綠地覆蓋率已遠超於全國平均，仙台市在千禧年時公布了市內一百個綠化地方，稱作「綠之名所百選」，將範圍的綠地列出來，讓市民了解自己的居住環境，也讓觀光客能快速找到隱藏在各角落的美麗樹木。百選綠地包含了公園、校園及街道，其實在仙台沿著主要景點散步，一定能遇上百選綠地，綠色環境早已融入生活每一處。

從公園一窺當地生活

如果想好好沉浸在仙台的綠葉環境中，建議排一趟逛公園的行程。公園是一個很好觀察當地人的場所，仙台市的觀光客並不多，因此公園聚集的人幾乎都是仙台當地居民，在公園能坐著好好休息，四處觀看也不會突兀。

推薦以下三座公園，從春天的櫻花、夏季的綠葉、秋天的楓葉都值得欣賞。

3

1. 西公園的夏季林蔭｜ 2. 榴岡公園櫻花｜ 3. 勾當台公園一景

⦸ 勾當台公園

定禪寺通旁的勾當台公園是仙台重要的公共場所，附近有仙台市役所、宮城縣廳，假日經常舉辦各種活動，而平日有許多在外面辦公的上班族會在這喘一口氣。位在喧囂市中心的勾當台公園沒有小孩玩的遊樂設施，是讓忙碌的大人們休憩的場所。

★交通方式：仙台市地下鐵南北線「勾當台公園」站，出站即達

⦸ 西公園

從勾當台公園沿著定禪寺通，就會抵達仙台的櫻花勝地西公園，這裡也是仙台最古老的都市公園，約有二百株櫻花樹，在賞櫻期間不早點來可是會搶不到好位置的。園內還有大型木芥子模型及實際使用過的蒸汽火車，還有兒童用的遊具，是讓小孩放風的好去處。

★交通方式：仙台市地下鐵東西線「大町西公園」站，出站即達

⦸ 榴岡公園

位在仙台站東邊，也是不輸西公園的賞花名勝地，櫻花有染井吉櫻、垂枝櫻、山櫻、十月櫻等種類，數量則高達一千株。榴岡公園比起勾當台公園、西公園都來得寬廣，園內除了兒童遊具、草地、自由廣場，還設有歷史民俗資料館，如果想好好逛公園建議可以待上1小時左右。

★交通方式：從仙台站徒步20分鐘，或搭JR仙石線至「榴岡」站後步行3分鐘即達

三大祭典

春、夏、冬，一起與當地人同歡

仙台一整年氣候舒適、美食豐饒，若還是猶豫不決哪個季節來仙台適合的話，
不妨配合當地的重要活動，一起窺探市民的重要慶典吧！

1

迎接夏日新綠的青葉祭

仙台的冬天約在3月結束，4月進入櫻花紛飛的春天後，街上枯萎的樹枝也漸漸長出葉子，每年5月第三個週日的青葉祭(Aoba Matsuri)就像是仙台初夏的前哨聲般，告知大家綠葉茂盛的季節要來臨了。

青葉祭的歷史可追溯至江戶時期，當年祭典名稱為仙台祭，出發地點為仙台東照宮，1874年改名青葉祭後，神轎出發地也移至祭祀伊達政宗的青葉神社。

青葉祭現在統一為5月第三個週日舉辦，是搭配5月24日伊達政宗的忌日而制定。祭典主要活動為雀舞，是仙台特有的傳統舞蹈，據傳是1603年在慶祝仙台城的新建移轉慶典上，來自大阪的工人們即興跳的舞所演變而來。配合伊達家的家紋「麻雀」，舞蹈也仿麻雀討食的動作，因此被稱為雀舞。

作為傳統文化，雀舞也曾經歷過面臨消失的危機，但在地方團體的努力下，會跳雀舞的仙台人越來越多，在青葉祭上，各個企業、學校、民間團體出陣，各自跳著雀舞遊行，好不熱鬧。

新綠

在春天結束，迎來夏天的時節，比起盛夏，新綠時的葉子相對能讓陽光從葉縫中穿透，更添唯美氣息。青葉祭選在伊達政宗忌日舉辦，剛好讓市民共賞新綠美景。

日本歷史最悠久的七夕祭

每年8月5日，仙台商店街所有的店家拉下鐵門後，就會開始掛起七夕裝飾，為隔天起連3日的仙台七夕祭(Tanabata)，做好萬全準備！

七夕祭是仙台現在最大的慶典，雖然日本其他地方的七夕祭幾乎都在陽曆7月7日舉辦，但仙台仍維持傳統在陰曆的七夕舉辦，如今為了配合東北6縣的祭典時程，統一在每年8月6～8日舉行。

從歷史上可以發現，伊達政宗時代就開始舉行七夕祭典，是日本歷史最悠久的七夕祭典。現在仙台商店街各店家會製作專屬的七夕裝飾，民間團體也會用這個機會傳達祈福之聲，例如：祭典開始的8月6日同時也是廣島核爆日，因此每年都會有為廣島核爆受災者祈福的大型紙鶴吊飾。

比起傳統舞蹈等動態的活動，仙台的七夕祭相較偏靜態，由於七夕祭的裝飾在期間24小時都會擺設在商店街上，不需要在特定時間前往觀看，行程較為彈性。除了七彩繽紛的裝飾以外，七夕祭開始前一晚會舉辦「仙台七夕花火祭」，以絢麗的煙火預告七夕祭的到來。

3

2

1. 市民在青葉祭典中一同跳著雀舞同歡 | **2.3.** 七夕裝飾

點亮仙台冬天的光之樂章

仙台光之樂章(Sendai Pageant of Starlight)最早始於1986年，之後每年在12月初點燈，並持續至年底，為東北最大的點燈活動。此時定禪寺通上的160顆行道樹會掛上60萬顆LED燈，為仙台揭開冬季的序章，許多人會在傍晚5點半時來到這裡，等待點燈的瞬間，氣勢極為壯觀。

這個時節仙台觀光巴士「LOOPLE」會特別加開夜晚的班次，並在經過定禪寺通時特別放慢速度，讓乘客在車上悠閒地欣賞這幅浪漫景致。除此之外，兩旁店家的靠窗座位也很熱門，早點去卡位或是事前訂位，就能在溫暖的室內與重要的人一起享受光之慶典的魅力。

小檔案

◆ 光之樂章

http sendaihikape.jp
每年12月初～12月31日每年點燈日程、時間不固定，請於官網確認
➡ 定禪寺通
⁉ 日期與點燈、關燈時間，請依每年官網公告為主

◆ 七夕祭

http www.sendaitanabata.com
每年8月6～8日
➡ 仙台站前商店街內。勾當台公園在祭典期間會有舞台演出及攤位擺設

◆ 青葉祭

http www.aoba-matsuri.com
每年5月第三個週日及該日前一天(並非以5月第三個週六為祭典第一天，而要以第三個週日往回推前一天才準確)
➡ 雀舞遊行以定禪寺通為主、攤位及舞台表演以勾當台公園為主。周遭商店街及公園也有相關活動

點燈活動讓12月樹葉枯萎的定禪寺通，再次有了元氣

1

2

3

美味海鮮

受惠三大漁場，吃好吃滿海產料理

「海鮮當然是仙台的比較好吃！」仙台人對自家海產充滿自信。這麼驕傲不是沒有理由，當地餐廳、超市大多是提供宮城縣三陸沖海域所捕獲的海產。三陸沖為世界三大漁場之一，親潮及黑潮交會及谷灣式地形孕育了許多獨特又美味的海產，其中包括牡蠣、秋刀魚、鮪魚、海帶，而海鞘養殖量也名列日本第一。

冬季—牡蠣 かき

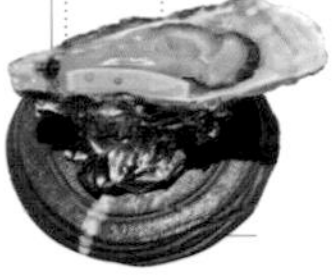

仙台每個季節都有自傲的海產可以享用，一進入冬天，就是牡蠣的天下。雖然烤、炸都很好吃，但帶殼的生牡蠣才是重頭戲，不怕生食的人，一定要嘗看看。這時節的居酒屋紛紛賣起牡蠣，最少可只買一顆，且可選擇料理方式，生吃、燒烤都可以。

春夏—海鞘 ホヤ

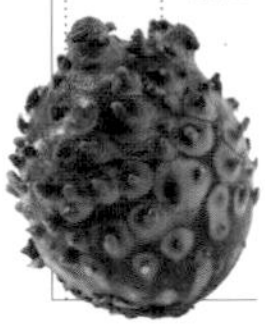

海鞘不屬於植物，也不屬於魚類或貝類，而是生長在海洋中的脊索動物，說苦不苦、說腥不腥、說甜不甜，味道非常奇特，並非所有人第一口就會愛上，但那特殊的嚼勁彷彿能咀嚼到大海的味道，迷上那滋味的海鞘粉絲也大有人在。

秋季—鮭魚 サーモン

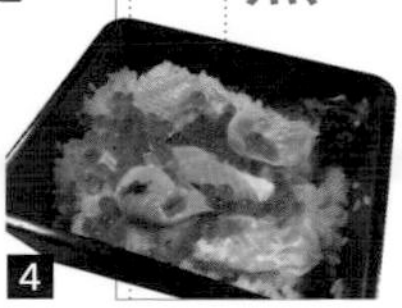

4

進入10月，就是壽司店、海鮮居酒屋進貨秋鮭的季節了。說到使用秋鮭的料理，鮭魚親子丼飯是首選之一，然而，比起一般的鮭魚親子丼，仙台秋天的鄉土料理「はらこ飯」(harakomeshi)才是王道。跟前者不同的是，其米飯部分是將白飯與鮭魚醬汁一起蒸，醬汁包括鮭魚、醬油、薑、日本酒，煮出來的飯比一般鮭魚親子丼飯更有香氣，讓人食指大動。

1. 仙台東北方的牡鹿半島便是位在三陸沖漁場｜**2.** 烤牡蠣｜**3.** 海鞘（圖片提供／宮城縣觀光課）｜**4.** はらこ飯起源於宮城縣亘理町，はらこ（腹子）在東北是指未加工的鮭魚卵

仙台機場外的巴士停靠站

仙台機場 ⇔ 仙台市區

仙台機場三大聯外交通工具

交通工具	電車	巴士	定額計程車
車程	17 分鐘	35 分鐘	約 35 分鐘
票價	¥660	¥660	¥5,000 起
班次間格	約 20 分鐘	airport 線★（往仙台站）	於搭乘 1 小時前預約即可
適用優惠票券	• JR EAST PASS • SENDAI ONE DAY PASS • MARUGOTO PASS （まるごとパス）	無	無
機場搭乘位置	可從 2 樓走連接天橋前往電車車站	1 樓的 2 號巴士亭	1 樓的 1、4 出入口
仙台站搭乘位置	JR 電車 3 號月台	仙台站西口 63-1 號巴士亭 & 東口 71 號巴士亭	仙台市區內皆可

★日文名為「仙台エアポートリムジン」。

製表／邱文心

電車

仙台機場的電車只有一條路線，分別以仙台機場站及仙台車站為路線的起、終點，搭乘「仙台機場鐵道路線」最快僅17分鐘可達仙台站，由於仙台站下車的月台就在JR車站內，要轉乘JR其他路線也很方便。仙台站出發的最早班次為05:47，最晚班次23:10，仙台機場出發的最早班次為05:31，最晚班次為23:23。

仙台機場電車

巴士

巴士是經常被忽略的交通方式，但若碰到電車停駛，就適合作為備案。巴士僅週一、五、六、日4天有行駛，一天往返各4班，仙台站出發的班次一天有8班，建議出發前先查好班次。

定價計程車

宮城縣計程車協會提供仙台市區及仙台機場之間的定額接送服務，無論所費時間，一台車都只要¥5,000或¥5,500（依計程車公司有所不同），可接送至仙台市內，省下繁複的轉車時間。

預約方式：最遲須於希望接送時間的1小時前電話預約。可選擇官網提供的任一家計程車公司。

巴士時刻表

機場計程車一覽表

計程車

仙台市內交通方式

破解仙台交通

仙台市營地下鐵

地下鐵分為東西線及南北線兩條。相較南北線，東西線不但人潮少、環境較新，車內還有設置多語言的螢幕導覽，對觀光客更友善。除此之外，東西線的車輛設計參考了伊達政宗的盔甲造型，非常具有在地特色。

仙台地下鐵的票價從¥250～360，比其他城市的地下鐵貴了一點，可參考優惠券介紹(P.25)節省交通費。

仙台市營地下鐵

巴士

在仙台市內行駛的巴士有4種：紅色車身的私營「宮城交通」，藍色車身的「仙台市營公車」，觀光取向的「LOOPLE仙台」（るーぷる仙台），以及「Takeya交通」。除了「Takeya交通」，其他3種都能使用交通系IC卡支付車費資。

◎宮城交通

宮城交通的巴士路線多為長距離移動，是前往秋保溫泉，或宮城縣其他地區經常會使用的交通工具。

◎LOOPLE仙台

觀光循環巴士，只停留主要景點，巡迴一周約70分鐘，行經地點包含仙台城跡、仙台市博物館、定禪寺通等。由於只有單向路線，不會搭錯方向。而在外觀設計上也特別用心，是以已廢止的仙台路面電車為主題，一共有9種設計。搭乘一次的票價為大人¥260，小孩半價。若單日會搭乘3次以上可購買一日券大人¥630，小孩¥320。另有與地下鐵共用的一日券（見P.25）。

1. 前往秋保溫泉的巴士由「宮城交通」運行，外觀與仙台市營巴士不同，須多加留意｜ 2. 前往秋保溫泉須至仙台站 62 號巴士亭等候｜ 3.「LOOPLE 仙台」每一站都有明顯的 Logo 可以辨識｜ 4.「LOOPLE 仙台」前面掛置的車頭燈裝飾，是仙台路面電車的特色之一

仙台巴士時刻表

宮城交通時刻表

仙台市營巴士時刻表

LOOPLE 仙台時刻表

Takeya 交通時刻表

1. 宮城交通時刻表使用方式：若已知公車站名，可直接在出發及目的地輸入站名（或直接在地圖上點選），若不知道，也能直接用景點名稱查詢，輸入前面的文字會出現候選列表，沒有在候選列表中的地點不可查詢。若不知道目的地，可選擇「バス停時刻表」查詢單一公車站時刻表。google map 無對應宮城交通的時刻表，僅能在官網查詢。

2. 市營巴士時刻表使用方式：可在「市バス時刻表」直接從地圖點選公車站牌查詢時刻表，若不知道公車站名，可選擇「主要施設から選択」，從分類選擇設施即可查詢最近站牌。google map 有對應市營巴士的時刻表，若要查詢詳細地抵達時間，可使用 google map 查詢。

⊘ 仙台市營公車

市營公車為市內短距離移動時使用，路線多，可補足「LOOPLE仙台」的不足。

⊘ Takeya交通

「Takeya交通」是唯一有設置機場路線的巴士。除了兩條機場線以外，還有前往仙台市天文台和秋保溫泉的「西部Liner」。

公共電動自行車 DATE BIKE

由於仙台地鐵只有兩條路線，許多市民還是會用自行車代步，加上夏天不會太熱，冬天不易積雪，一年降雨日不超過三分之一，非常適合騎自行車逛市區。

⊘ DATE BIKE租借方式

全仙台共有70個以上的據點可租借，也可在任一據點返還。價格為第一個小時¥165，之後每30分鐘¥165，超過5小時使用的話，建議在仙台站無人機購買1日券(¥1,606)較為划算。

一、事前登錄（此方法僅能以使用時間計算）

❶需事前下載專用App，並準備信用卡及日本國內手機號碼於App登錄會員。

❷在App內選擇預計租借的據點及自行車。

❸根據App指示使用密碼開鎖。

❹可在任一據點返還，按下自行車面板的「ENTER」即可返還。

二、當日購買一日券（適合使用超過5小時）

有人窗口：可在仙台站附近3間飯店購買：Tenza Hotel Sendai Station、Hotel Palace Sendai、APA飯店-TKP仙台站北。在有人窗口購買一日券時，須加購¥550專用IC卡，且僅能以現金付款。

DATE BIKE

http docomo-cycle.jp/sendai

★進入後可先選擇英文介面，點入「Register / Login」進行註冊

DATE BIKE

騎自行車注意事項

在國外騎自行車要特別小心，遵守規則才能玩得盡興。

1. 禁止雙載。
2. 晚上一定要開車前燈。
3. 商店街內不可騎自行車。
4. 不得長時間路邊停車，每個地下鐵車站都有自行車停車場，須按規定繳費停車。若使用「DATE BIKE」，任一租借據點皆可臨時停車。

仙台市內公共自行車 DATE BIKE

仙台IC卡「icsca」

類似於台灣的悠遊卡，日本也有許多搭乘大眾交通工具的IC卡。最有名的為全國通用的西瓜卡(Suica)，但若來到仙台旅遊、甚至生活的話，一定要認識仙台市發行的「icsca」。

名稱也很有在地感，icsca的日文為「イクスカ」（發音ikusuka），是「行きましょう」（走吧）的仙台方言，卡片上的麻雀是參考伊達家的家紋「竹雀紋」去設計的。

卡片種類：記名式卡須登記姓名及電話；觀光客可購買無記名式卡較方便。

卡片金額：¥500，退卡時就會退還。

使用範圍

宮城縣及仙台市區任何公共交通工具都能使用，包含仙台市地下鐵、仙台市公車、JR電車、仙台機場線等。宮城縣以外，福島縣、山形縣及岩手縣的主要車站也能使用。

搭車還能儲存點數

使用這張卡在仙台市搭乘地鐵及公車時，可獲得獎勵轉乘的點數，若預計公車轉乘地鐵，或地鐵轉乘公車，推薦使用此張IC卡。每月10日可將上個月的點數兌換成可使用的儲值金額，點數可保留1年，對經常來旅遊的人來說不無小補。

購買地點

仙台地下鐵任一站的售票機都可購買。

1

機台

2

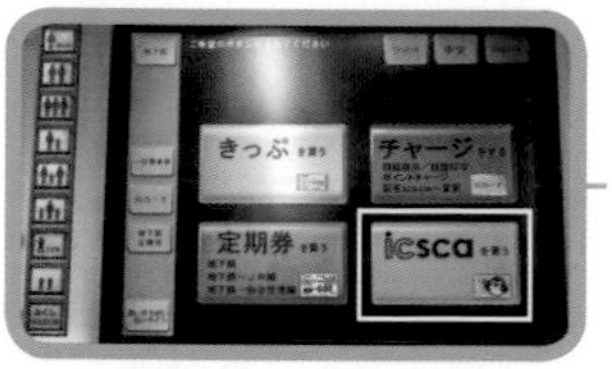

點選右下角「icsca 購入」

3

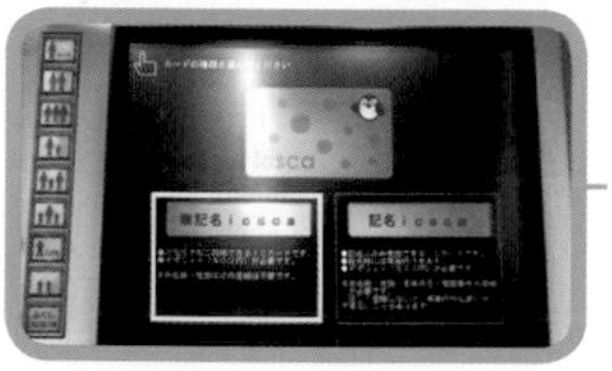

點選左邊「無記名」

4

點選要儲值的額度

5

使用現金付款

仙台市可使用優惠票券

票券	SENDAI AREA PASS	まるごとパス（MARUGOTO PASS）	LOOPLE 仙台一日券	仙台地下鐵一日券	LOOPLE 仙台＋地鐵一日券
適用資格	持 90 天觀光簽證之外國人	無限制	無限制	無限制	無限制
使用天數	一日	連續二日	一日	一日	一日
適用範圍	● 觀光巴士「LOOPLE 仙台」全線 ● 部分 JR 電車：東北本線（白石～仙台～松島）、仙山線（仙台～山寺）、仙石線（青葉通～仙台～松島海岸） ● 仙台地下鐵全線 ● 阿武隈急行電車部分路線（槻木～阿武隈）		LOOPLE 仙台巴士全線	仙台地下鐵全線	LOOPLE 仙台巴士全線、仙台地下鐵
票券價格	¥1,320	¥2,720	¥630	● 平日 ¥840 ● 週末與國定假日 ¥620	¥920
購買地點	仙台站 JR 東日本旅行服務中心	JR 綠色窗口，JR 指定席售票機	巴士內或仙台站 16 號巴士亭旁的售票處	地鐵售票機僅能買當日票，事前票請洽站務員	巴士內或仙台站 16 號巴士亭旁的售票處
官網	(QR code)	(QR code)	(QR code)	(QR code)	(QR code)

★ 1. 以上票券都能享施設入場費優惠，各家優惠請見官網。2. 票券價格為 12 歲以上大人價。3. 資訊如有異動，請以公告為準。 製表／邱文心

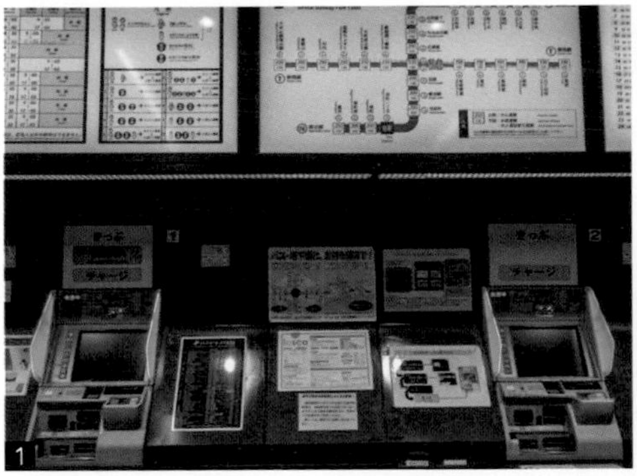

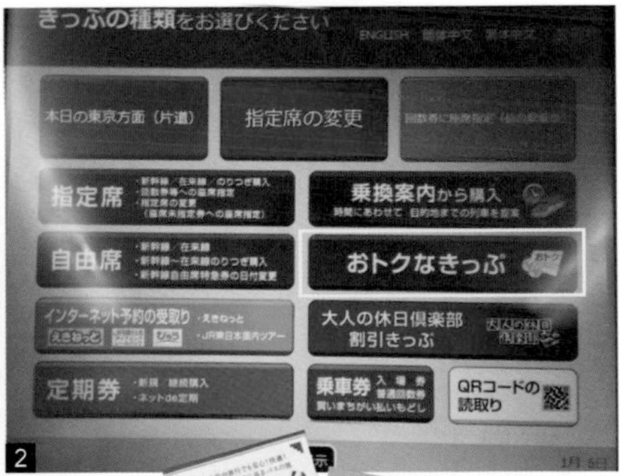

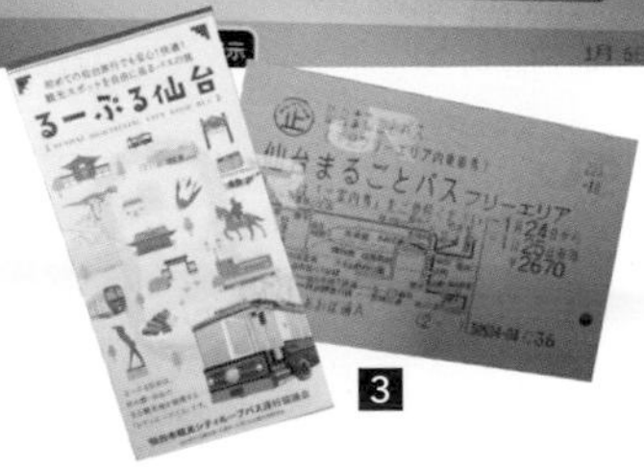

1. 仙台地下鐵一日券可在地下鐵售票機購買 | **2.** 透過 JR 指定席售票機購買まるごとパス：①選擇「おトクなきっぷ」→②選擇「仙台まるごとパス」 | **3.** 使用まるごとパス，可搭乘地下鐵及 LOOPLE 仙台

仙台
宮城
山形
福島

初訪仙台2日遊

第一次來到仙台建議至少待兩天。第一天 08:30 抵達仙台車站西口 16 號巴士亭，購買 LOOPLE 觀光巴士一日券，中午回到仙台車站用餐，約 13:00 再次從西口 16 號公車亭搭乘觀光巴士出發。第二天則可選擇體驗型的景點，豐富你的仙台之旅！

DAY 1 乘 LOOPLE 趴趴走

第一站 仙台城跡

伊達政宗以仙台城為據點，作為仙台藩首位藩主的他，為仙台的經濟、繁華作出不少貢獻，雖然仙台城僅剩遺跡，但還是能藉此感受到伊達政宗當年的威風。

第二站 大崎八幡宮

名列日本國寶，是一座歷史悠久的神宮，代代保護著仙台，市民經常來此祈願，新年參拜時更是人滿為患。出示 LOOPLE 觀光巴士一日券可獲得小禮物。

DAY 2 泡湯、品威士忌、看棒球

第一站 作並溫泉

仙台兩大溫泉地之一，附近還有 NIKKA 可以參觀，當一日行程再適合不過。

★ 1. 當地旅館的日歸溫泉（不住宿）大多都只到 14:00，注意不要太晚去。
2. 溫泉旅館及 NIKKA 宮城峽蒸餾所接送都在 JR 作並站，因此泡完溫泉要搭旅館接駁車回作並站才能前往酒廠參觀。
3. 以下圖片提供／宮城縣觀光課、仙台觀光國際協會

第二站 宮城峽蒸餾所

小酌一杯，作為旅行中的小確幸！來到被優美山水景色包圍的 NIKKA 宮城峽蒸餾所，可免費參加酒廠的導覽行程（預約流程請見 P.047），結束後還能試喝威士忌，是個超值又享受的行程。

第三站 仙台車站

仙台車站附近餐廳多樣，想品嘗牛舌、壽司等美食，就來店家匯集的「仙台站 3 樓牛舌壽司通」、「仙台站 B1 美食街」與「仙台站前商店街」，選擇午餐定食較划算！

第四站 瑞鳳殿

瑞鳳殿是伊達政宗的靈墓，可以參觀桃山文化的建築，並在資料館內初步認識伊達文化。出示 LOOPLE 觀光巴士一日券可折抵入場費 ¥110。

第五站 仙台媒體中心

位於定禪寺通，是建築師伊東豊雄備受推崇的作品。定禪寺通兩旁有美麗又整齊的杉木，推薦在仙台媒體中心小歇一下，再從定禪寺通逛回仙台車站附近。

毛豆泥點心

旅途中有空檔，就來仙台車站附近享用仙台特有的點心吧！毛豆泥是仙台名物，可嘗試「毛豆泥奶昔」或「毛豆泥麻糬」，記得留點胃給晚餐！

鯛魚燒

仙台商店街裡的鯛魚燒是人氣朝聖店！剛烤好的鯛魚燒外皮酥脆，內餡有奶油、紅豆，還會不時依照季節提供期間限定的特殊口味！

第三站 宮城球場

經過溫泉及威士忌的療癒後，最後就跟著仙台人，幫東北的地主球隊「東北樂天金鷲」加油吧！在賽事當天，宮城球場會在仙台站東口開直達接駁巴士，方便觀戰球迷前往球場。

朝聖伊坂幸太郎2日遊

說到仙台市，許多日本小說迷第一個想到的應該就是伊坂幸太郎了，雖然伊坂幸太郎並非仙台出身，但在仙台就讀大學後，不但愛上這裡從此定居，還以仙台為故事背景，出版了許多著名的推理小說，包括《死神的精確度》、《重力小丑》、《Golden Slumbers》等。這些小說被翻拍成電影時幾乎都在仙台拍攝外景。劇組也不單只是使用仙台的景點，還會開放一般居民參加臨演，讓居民有參與感，也增加仙台人對作品的認同度。喜歡伊坂幸太郎的人，找機會來仙台一探究竟吧。

1 第一站　仙台車站

相關作品

家鴨與野鴨的投幣式置物櫃、Golden Slumber、洋芋片、小小夜曲等多數作品

仙台車站作為仙台的重要地標，在伊坂幸太郎的作品中出現頻繁，其中《家鴨與野鴨的投幣式置物櫃》中使用的置物櫃就在3樓新幹線南口處，可惜2016年車站內部進行整修、更新數位化置物櫃。而《小小夜曲》中經常出現的演奏畫面則位在仙台車站2樓的天橋通道，偶爾也會有街頭藝人在這裡表演喔。

2 第二站　定禪寺通

相關作品

Golden Slumber

這部作品剛開頭的首相遊行場景，就是位在定禪寺通，因為是重要道路，劇組僅能使用5個半小時，在時間壓力下，成功與1,000名臨演完成重要的一幕。

3 第三站　勾當台公園

相關作品

Golden Slumber、洋芋片

在《Golden Slumber》青柳逃亡第三天時逃到的地方，劇中的名稱為「中央公園」。也是《洋芋片》中，今村與黑澤談話時使用的外景地。這裡平時是市民的休憩場所。

第四站　八木山動物公園

4

相關作品

家鴨與野鴨的投幣式置物櫃

在《家鴨與野鴨的投幣式置物櫃》中，金歷．多吉與琴美約會時遇見河崎的地方。搭乘仙台市地下鐵至「八木山動物公園」即可抵達。

第五站　宮城縣美術館

5

相關作品

重力小丑

宮城縣美術館是《重力小丑》中，畫圖比賽的外景地，館內蒐藏了許多以日本東北為中心、日本國內外藝術家的作品。電影中，畫圖比賽的作品是宮城縣中小學生幫忙繪畫的，共募集了 700 件作品。

第六站　壹貳參橫丁（壱弐参横丁）

6

相關作品

重力小丑、小小夜曲

繁華的仙台市中心，隱藏了一條居酒屋林立的懷舊街道，壹貳參橫丁雖然不長，但在裡頭彷彿穿梭時空，是個能偷偷觀察當地人夜生活的祕境。在《重力小丑》中，泉水跟春一起找火災線索時經過這裡。也是《小小夜曲》中織田告訴佐藤，要跟由美結婚的場景。

可在壹貳參橫丁窺見市井小民的生活

第七站　錦町公園

7

相關作品

小小夜曲

在《小小夜曲》中，佐藤追逐坐上巴士的紗季，從仙台車站開始奔跑到這個錦町公園。錦町公園內有櫻花，春天來臨時，通常會比仙台其他地方早開呢。

仙台市
中心地圖

仙台地圖
(秋保溫泉)

仙台地圖
(作並溫泉)

仙台五大地標

東北第一大車站

仙台車站

Sendai Station

地標 No.1

在東北旅遊第一個必須認識的景點就是仙台車站，身兼轉運站，有許多交通路線在此交織，來來往往的上班族及觀光客是車站日常風景。雖然是東北最大站，但面積不會太大、不容易迷路，周邊聚集了不少知名商店，購物、用餐都方便。

樓層簡介

B1樓：「S-PAL 仙台」美食百貨街、仙台市營地下鐵搭乘處。

1樓：土產區、百貨、咖啡廳、郵局、藥妝店等商店。

2樓：JR電車閘口、土產區、訪日旅行櫃檯、東西口連接通道。

3樓：「牛舌&壽司通」、新幹線的入出口。

鐵路路線

JR新幹線：東北．北海道新幹線、秋田新幹線、東北新幹線。

JR普通電車：東北本線、仙石線、仙山線、仙石東北 Line 線、常磐線、仙台機場鐵道線。

仙台市營地下鐵

www.jreast.co.jp/estation/stations/913.html

仙台市青葉區中央 1 丁目

050-2016-1600

首班～末班

1.仙台站內的伊達政宗公騎馬像｜2.仙台站西口外觀

日本第一的人行天橋

仙台站西口的大型天橋是日本最大規模的人行天橋，南北長 500 公尺、東西長 200 公尺。從仙台站 2F 可直通各大路口，並設有多處手扶梯及電梯，非常方便。除了可繞過路口以外，也能直達各大百貨的 2F，包含 PARCO、PARCO2、Loft、山田電機，利用天橋移動會更快速。

仙台站東、西口的「格差」？

過去的商業開發僅停留在仙台站西口，讓東口顯得有點蕭條，當地人還會開玩笑說「東口是仙台站的後門」。但在 2016 年 3 月，仙台站 2F 開通東西自由通路後，東口也越來越熱鬧，觀光客選擇在東口住宿也非常方便。目前西口前有 Loft、無印良品等，東口可直連大型電器連鎖店 yodobashi。

仙台站前 Shopping Guide

來到仙台站前商店街，五花八門的商店類型讓徒步旅行不無聊，有百貨公司，也有商店街。其中，商店街 24 小時全面禁止汽車、機車及自行車，並大多有完善的屋頂，不怕日曬雨淋，對喜歡逛街的旅客是一大福音。商店街分成 6 條街，長達約 1.5 公里，各有其特色。商店街的店家並無統一營業時間，大約 10:00 陸續營業。本篇會以仙台站為中心介紹仙台站附近的百貨公司、商場以及仙台站前商店街。

1

S-PAL 仙台

S-PAL 仙台百貨與仙台車站共構，百貨內有日常用品、日系服飾、精品、書店、手創小物、伴手禮、美食餐廳等超過 200 間店鋪。分成本館、東館及 2 館，其中有旅日遊客熟悉的東急手創館、無印良品、ABC-MART 等知名品牌，購買伴手禮則是推薦前往 B1 的土產通，以及 2F 的伊達小道，這兩層樓都有販賣仙台及東北的土產，類型包含食品、酒類、工藝品等等，種類超級多樣。逛累了就到 B1 的美食街或是 3F 的美食區享用美食吧！

AER 仙台

位於西口站的高層大樓，從西口 2F 出站後往右邊走，穿過 PARCO 本館後即可抵達。AER 仙台為辦公大樓，僅 1F 至 4F 有店家進駐，2F 有星巴克、3F 有 UNIQLO，而在 4F 的文具之杜則是東北最大規模的文具店，擁有 4 萬件以上的商品，不乏具有仙台特色的文具。而在 31F 的展望台，可以眺望仙台市的市街景色，任何人都能免費進入，開放時間為 10:00 ～ 20:00，因此也是欣賞仙台市街夜景的好去處。

tekute 仙台

位於仙台站 1F，於 2021 年開幕的複合型百貨，如果剛好要搭新幹線，可以在仙台牛專賣店「肉之 ITO」買仙台牛便當在車上享用，另外，日本酒商店「mutou 屋」則是販賣以仙台為中心的東北地區的酒品，除了適合伴手禮的大瓶裝，也可以選擇小瓶的酒自己喝，許多日本人也會在搭新幹線時喝點小酒，這種小瓶酒的量就非常剛好。平常不喝酒的人也可以試試看加入酒粕的奶昔。另外推薦販賣義式冰淇淋的 & Earl Gray、麵包店 Pensee、水果冰沙店 3007。

仙台 E-Beans

位在 PARCO 2 館旁邊，同樣可以從仙台站西口 2F 天橋直達，這裡可說是仙台的秋葉原，有許多動漫迷喜愛的店家，包括知名動漫商店安利美特、gamers 販賣漫畫、動漫、遊戲及其周邊商品。另外還有連鎖服飾店 GU、唱片行 HMV 等店家。

PARCO 仙台

共有兩棟，都位於仙台站西口，1 館在西口出去右手邊、2 館在西口出去正前方，建議從仙台站 2F 沿著天橋前往較為方便，徒步 1 分鐘以內可抵。PARCO 為全國性的百貨公司，以 20 多歲女性為主要客群，商品路線偏可愛、精緻，其中推薦 PARCO 本館 B1 的東北 StandardMarket，販賣來自東北各個地區的工藝品、文具、小物、食品等等。

1. 從 AER 仙台 31 樓看出去的仙台市街景色｜**2.** 肉之 ITO 位在仙台站 1F ｜ **3.**mutou 屋位在仙台站 1F｜**4.** 仙台站旁的PARCO仙台｜**5.** 從 AER 仙台 31 樓看出去的仙台市街夜景

Hapina 名掛丁商店街

Hapina 名掛丁商店街

ハピナ名掛丁商店街

最靠近仙台站的商店街，為城市代表的門面之一，匯聚許多以觀光客為取向的當地美食、土產店、唐吉軻德等。過去這條商店街是通往仙台城大手門的通道，自古以來就是重要通道。

1

2

1. Clis Road 商店街內屋頂裝飾的仙臺四郎
2. 三瀧山不動院（圖片提供／仙台觀光國際協會）

Clis Road 商店街

クリスロード商店街

作為東西向商店街的中心，設有供奉仙台的福神「仙臺四郎」的三瀧山不動院。以年紀較大、在地人為客群的商店為主，雖然對觀光客來說可能少了點購物樂趣，但在看起來不起眼的老店裡經常能挖到令人驚喜的寶物。

七夕花紋的水溝蓋

在仙台商店街常會看到印有七夕花紋的水溝蓋，其實這並不是水溝蓋，而是的七夕祭典時為了固定竹竿而設置的洞口，為了一年中僅僅舉辦三天的活動而特別加蓋，可見仙台對七夕祭典的重視程度，來逛商店街時不妨來找找這個小巧思吧。

笑口常開、招財進寶的仙臺四郎

仙臺四郎為江戶末期的真實人物，傳說他經過的店生意都會變好，成了轟動一時的大新聞，流傳至今，將仙臺四郎視為招財神的店家不在少數。三瀧山不動院除了供奉仙臺四郎，也販賣周邊商品，想沾沾財運的人不妨來逛逛。

大町商店街

Marble Road 大町商店街

マーブルロード
おおまち商店街

大町商店街的歷史可追溯到建立仙台城的時期，是當年隨著建城而移住居此的人們所建立的街道，大町商店街歷史悠久，現在的商店以百貨(如藤崎百貨、Daiso 百元商店)、雜物、土產為主。

1.Vlamdome 商店街｜ 2.一番町四丁目商店街內的歐風電話亭是小亮點

Vlamdome 商店街、一番町四丁目商店街

ぶらんどーむ一
一番町商店街

從 Vlamdome 商店街可延伸至一番町四丁目商店街，最後通往定禪寺通，這裡比起其他商店街更為時尚，店家多為通訊行、精品及網咖等。一番町四丁目商店街內有三越百貨，也可通往仙台夜生活最熱鬧的國分町。

Sunmall 商店街

Sunmall 一番町商店街

サンモール一番町商店街

400 年前伊達政宗在仙台整備、劃分區域時，將使用的標繩埋在此地，位置就在商店街內的野中神社。保留歷史遺跡、林立許多特色居酒屋的壹貳參橫丁也在 Sunmall 一番町商店街內。

仙台市民休憩的好去處

定禪寺通 Jouzenji Doori

地標 No.2

定禪寺通為仙台重要的道路之一，在明治時期以前，在定禪寺通東邊的高台有座名為「定禪寺」的寺廟，現在寺廟已廢除，但道路的名字繼續保留。道路兩旁的杉木隨著季節會染上不同顏色，夏天是綠油油的一片，到了秋天，染黃的杉木更讓人目不轉睛，中間的分隔島有可以休息的椅子，許多重要慶典都會在這裡舉辦。而平時市民自發性發起的市集、音樂會等，也會利用中間的分隔島舉行，週末時經過說不定會發現一些有趣的活動喔！

主要活動列表

日期	活動名稱
4 月、10 月中旬週末	咖啡市集 Sendai Coffee Fes
5 月第三個週日及前一日	青葉祭典 Aoba Matsuri
9 月上旬週末	爵士盛會 Sendai Street Jazz Festival
12 月上旬～ 12 月 31 日	仙台光之樂章 Sendai Pageant of Starlight

製表／邱文心

在定禪寺通上最顯眼的就是各種裸女的銅像，其實不只是定禪寺通，仙台其他公園等公共場所也設置不少雕像，設置的理由是仙台市認為若要建造綠色之都，空間藝術是很重要的一環，因此，從 1977 年開始積極地在街上設置銅像，以每年設置一座的速度，經過 24 年，讓 24 座銅像散布仙台市區。它們不只是親近市民的藝術品，也成了容易辨識的仙台地標。

1. Emilio Greco 創作的裸女雕像《夏日回憶》，是定禪寺通的最大象徵｜ **2.** 定禪寺通，右為仙台媒體中心｜ **3.** 聚集東北各地咖啡店的咖啡市集｜ **4.** 覆蓋滿滿白雪的定禪寺通

仙台媒體中心

Sendai Media Center

地標 No.3

位在定禪寺通上的仙台媒體中心由知名建築師伊東豊雄所設計。建築的一大特色為不使用傳統建築的水泥梁柱，而是使用13根白色鋼管，貫穿屋頂及地板來代替梁柱支撐主體。嶄新的設計讓仙台媒體中心不但獲得無數知名建築大獎，還被日本日經報社選為「平成代表性建築第一名」。

「仙台媒體中心」提供休閒、辦講座、展覽的公共場所，共有7層樓，1樓為公共休息區、附設咖啡廳及土產區，有免費無線網路可以使用，2樓為影音資料室，3、4樓是仙台市民圖書館，一般人也能在這裡看書，5、6樓為展覽區，會展出不同時期的展覽，7樓為演講廳。

仙台媒體中心的設計就是歡迎任何人都能沒有壓力地在這裡停留，因此旅客也能放輕鬆在此休息、觀摩建築。

- http www.smt.jp
- 仙台市青葉區春日町 2-1
- 022-713-3171
- 09:00～22:00；圖書館為 09:30～20:00（週末及假日至 18:00）
- 休 每月第四個週四（12 月除外），12/29～1/3；圖書館每週一休（遇國定假日則延至隔日）
- $ 免費
- 搭仙台觀光巴士 LOOPLE 至「仙台媒體中心前」下車
- 30 分鐘
- 在館內拍照必須向櫃檯索取拍攝許可證

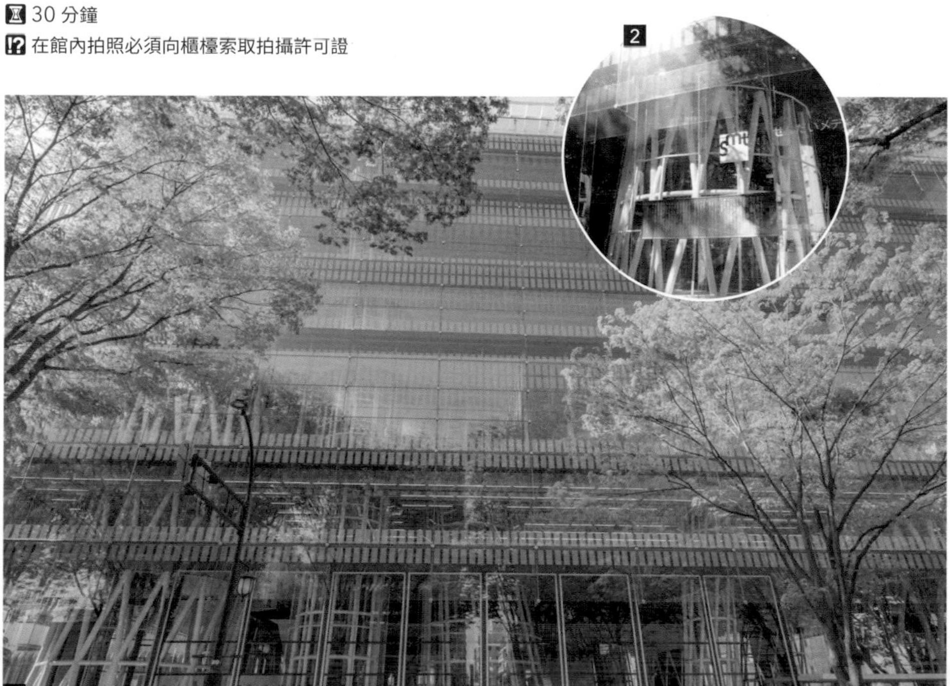

2

1

1. 仙台媒體中心外觀（圖片提供／仙台觀光國際協會）｜ 2. 白色鋼管是這棟建築的一大亮點

仙台最大河川

廣瀨川
Hirosegawa

地標 No.4

無論是搭觀光巴士、市區散步，一定會經過這條仙台最大的河川，對於市民而言，它是生活中的景色，更是不可或缺的水源，而政府也與市民一同維護這條重要河川。廣瀨川棲息著只能在乾淨水域才能生存的鯰魚、河鹿蛙，以及上百種的鳥類，可見只要是清流便自然能吸引許多動植物，也讓河川景色更為豐富。

單純欣賞廣瀨川也許提不起興致，那就從從以下三個會在廣瀨川旁舉辦的季節性活動，來一窺仙台市民的生活吧。

1

⦸ 芋煮會

芋煮會是使用東北地區種植的「芋」（いも）來煮火鍋，是仙台及山形地區在進入秋天時居民會主動發起的活動，類似賞櫻。約10月初，就能在廣瀨川旁看見居民紛紛辦起芋煮會，與親朋好友、職場同事一起同歡，迎接秋天的到來。日本的「芋」與台灣的芋頭並不一樣，而是日本常見

4

2

3

的小芋頭「里芋」。芋煮料理過去只是家常菜，但隨著觀光業興起也慢慢被商品化，秋季時部分餐廳也會推出芋煮相關菜單。

流放燈籠與花火大會

約250年前的江戶時代，東北地區曾因飢荒造成數十萬人死亡，當時的伊達家第七代伊達重村的妻子在廣瀨川旁設立「觀心院」弔念死者，並在河川上流放燈籠祈福，延續到昭和時期。之後雖然一度中斷過，但1990年市民自發性地重新舉辦，配合盂蘭盆節（日本的清明節），每年8月20日會開放民眾在廣瀨川的宮澤橋附近流放燈籠，是非常溫馨的祈福活動。

同時還會舉辦小型花火大會，這也是昭和時期留下的傳統。所以就算錯過8月5日「仙台七夕祭前夜花火」，也還有8月20日的流放燈籠活動及花火大會，若在此時來訪，就能與仙台人一起參加這夏日的盛會。

賞櫻花

每到櫻花時節，西公園、榴岡公園仙台人氣賞櫻景點總聚集人潮，除了在公園賞花，也很推薦仙台廣瀨川沿岸的櫻花，可以一邊散步一邊悠哉地賞櫻。即便沒有浮誇的櫻花樹，也能在緩慢步調中感受當地魅力。

5

6

資訊案內所

如何觀賞廣瀨川

在仙台市區，沿著廣瀨川有不少綠地可以休息，但若只能搭乘大眾交通工具，推薦搭乘仙台地下鐵南北線至以下三站：愛宕橋、河原町、長町一丁目，這三個站都離廣瀨川非常近，並且有整備好的河堤提供民眾散步，建議搭到其中一站，沿著河川旁走到另外一站後再搭地鐵，就是個輕鬆又舒服的親水散步行程。

從愛宕神社眺望的廣瀨川景致

1. 芋煮會是仙台市民初秋的活動之一（圖片提供／宮城縣觀光課）｜ 2. 從西公園俯瞰的廣瀨川｜ 3. 從愛宕大橋俯瞰的廣瀨川｜ 4. 從不同角度捕捉廣瀨川｜ 5. 若要親自流放燈籠，需事前購買流放券｜ 6. 廣瀨川堤岸櫻花

登城遠眺仙台市

仙台城跡

Sendai Castle

地標 No.5

為仙台打下重要基礎的伊達政宗在1601年建立了仙台城，也被稱作青葉城，至今仍是仙台的代表性地標。仙台城也位在青葉山上，東邊有廣瀨川的斷崖，西邊有山林，南邊有溪口，可謂地形優良的軍事要地，因此也有「難攻不落」的稱號。但經歷了400多年，在火災、戰爭的摧毀下，仙台城幾乎都被燒光，僅能從部分石牆及修復過的隅櫓去想像當年的霸氣。

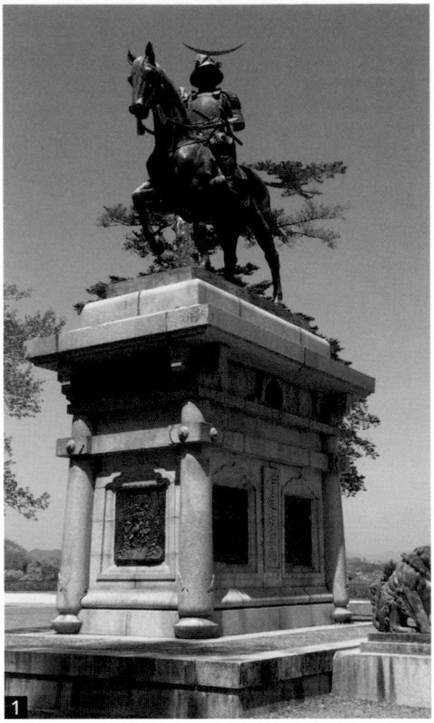
1

伊達政宗

來到仙台一定要認識的歷史人物就是「伊達政宗」，為伊達家第十六代當主，也是仙台藩的首代藩主。由於4歲時染上天花而失去右眼（另有一說是被樹枝刺傷），而被稱作獨眼龍，少了一隻眼的造型成了他最大的特徵。

伊達政宗傳說是個天不怕、地不怕的武將，但同時也是個殘忍的人，他曾殺害自己的父親及弟弟，衝動性格也讓家臣頭痛不已，然而，伊達政宗靠著這般勇猛的性格，在東北打下了不少領地。當時日本最有權力的武將為豐臣秀吉，伊達政宗曾違背豐臣秀吉而面臨了領地被沒收的處罰。關原之戰後，伊達政宗效忠德川家康，並順利成為仙台藩的藩主。

2

即便當了藩主，伊達政宗性格仍跟過去一樣，沒有放棄擴展自己的領土，並陸續發動了幾場戰爭，到了晚年時，世間也較為平和，這時他才開始認真治理仙台藩。當時，伊達政宗指派家臣支倉常長去羅馬取經，長達7年之久，成功開啟仙台與外國之間的貿易，立下重要的經濟基礎。

http honmarukaikan.com
仙台市青葉區川內 1
022-222-0218
自由入園。青葉城資料展示館 09:00 ～ 17:00 (11/4 ～ 3/31 至 16:00)，最後入場時間為閉館前半小時
城跡免費，青葉城資料展示館成人 ¥700，中學生 ¥500，小學生 ¥300
搭仙台觀光巴士 LOOPLE 至「仙台城跡」下車
40 分鐘

伊達武將隊

伊達武將隊是以仙台城跡為據點的觀光宣傳團體，角色有伊達政宗與相關歷史人物共8人。除了仙台城跡以外，也會出沒在宮城縣內各個地方，有興趣的人可參考官網上的每月行程表。伊達武將隊的成員都很熱情，若遇上他們可以熱情地打招呼及合照。

http datebusyou.jp/schedule

宮城縣護國神社

在伊達城跡旁邊有一座「宮城縣護國神社」，雖然也是仙台的景點，但其實這座神社與伊達家並沒有太大的關係，主要是祭祀在明治維新以後戰死的人們，並非祭祀仙台藩的歷史人物，因為建在仙台城旁邊，至今仍經常被混淆。

4

3

1. 伊達政宗雕像是由宮城縣的雕刻家所製作，以伊達政宗進城的樣貌為參考｜ **2.** 如今從仙台城跡眺望仙台市的街景，已經與伊達政宗當年所見的景色大不相同了｜ **3.** 伊達武將隊不一定會全員一起行動，試試運氣可以遇到哪位武將吧｜ **4.** 宮城縣護國神社

仙台散策景點

伊達政宗御用溫泉地

秋保溫泉
Akiu Onsen

仙台有兩大後花園，分別為作並溫泉及秋保溫泉，皆距市區車程約30分鐘，是仙台人假日兜風、泡湯的最佳地點。其中秋保溫泉為伊達政宗的御用溫泉地，深受在地人喜愛，當地大多數溫泉旅館有提供日歸方案及免費仙台車站接送，讓非自駕旅客也能輕鬆當日來回秋保溫泉。除此之外，秋保溫泉區的自然景觀及特色餐廳也不要錯過囉！

http www.akiuonsenkumiai.com

推薦交通工具

從仙台站有兩種巴士可以前往秋保溫泉，分別是「宮城交通」及「Takeya 交通」，在秋保溫泉內皆有多處站牌。「宮城交通」的停留站多為溫泉鄉內的各個景點，「Takeya 交通」則停靠旅館較多，可根據自己的行程安排下車處。若搭乘宮城交通，由於班次不多，出發前請查好時刻表。

巴士名稱	宮城交通		Takeya 交通「仙台西部線」	
仙台站搭乘處	8 號巴士亭		63 號公車亭	
適用優惠票券	· SENDAI ONE DAY PASS · MARUGOTO PASS		無	
停靠景點	秋保瀑布、磊磊峽、秋保森、林運動公園、仙台萬花筒美術館		仙台市天文台、磊磊峽、綠水亭旅館、蘭亭旅館、瑞鳳旅館、秋保旅館 Resort Crescent	
網站連結	停靠站	時刻表	停靠站	時刻表

製表／邱文心

一日推薦行程

仙台站 → 宮城交通 → 秋保瀑布 → 宮城交通 → 磊磊峽 → 宮城交通 → 仙台站

★逛完磊磊峽還有時間的話，可徒步 12 分鐘至「アキウ舍」享用下午茶。

磊磊峽
Rairaikyo

戀人聖地

磊磊峽位在秋保溫泉區，由名取川沖刷出的岩壁形狀非常特別，配上夏季的綠葉、秋天的楓紅，就是一幅美麗的奇景。可走下階梯沿著溪流旁的步道散步，或在溪流中間的「覗橋」上尋找自然形成的愛心小水漥，也因此這裡有戀人聖地之稱。

- http www.sentabi.jp/guidebook/attractions/view/74
- 仙台市太白區秋保町湯元
- 搭宮城交通在「磊磊峽」下車，或搭 Takeya 交通在「秋保・里センター」下車後徒步 4 分鐘
- 30 分鐘

1. 完整的愛心是僅靠大自然的力量形成的｜ **2.** 步道入口

秋保大滝
Akiuootaki

日本百選瀑布

在秋保瀑布最能感受秋保溫泉區的季節變換，寬6公尺，落差高達55公尺，震撼的瀑布被綠葉包圍著，夏天可在河川旁邊近距離觀察瀑布、戲水；秋天時，紅色及黃色楓葉交錯的絕景也值得一訪；到了冬天，雪景配上白色瀑布則增添一份孤寂感。

觀看處有二，一為觀景台，可以從遠處拍下瀑布的壯麗，二為河川旁，可感受瀑布的震撼力，建議可以走到河川邊，但得經過陡斜的樓梯，因此勿著高跟鞋來這裡，冬季路面結凍時也不建議前往。

- http www.sentabi.jp/guidebook/attractions/view/116
- 仙台市太白區秋保町馬場字大滝
- 搭宮城交通在「秋保大滝」下車
- 30 分鐘

1. 夏季時在河川旁欣賞秋保瀑布非常舒服｜ **2.** 雪白的秋保溫泉（圖片提供／宮城縣觀光課）

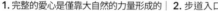

アキウ舍
Akiusha

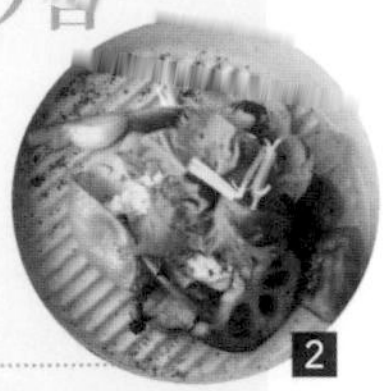

老宅改建咖啡廳

使用搶眼的紅磚色屋頂及木製的桌椅讓古老建築氣氛保留下來，アキウ舍是家改造自160多年建築的餐廳，除了使用當地食材製成餐點，還有販賣秋保紅酒廠的紅酒與各式甜點及咖啡。

除了餐點以外，店家也舉辦自行車逛秋保的活動，需在兩日前預約，想品嘗在地美食並體驗秋保魅力，騎單車旅遊的方案也是不錯的選擇。アキウ舍的定位並非只是餐廳或咖啡廳，而是以傳達秋保魅力為主要理念的據點。

1. 保持古民家風格的外觀｜2. 午餐定食¥1,280，從米飯、雞肉、蔬菜到豆腐都是宮城縣產的食材

- http akiusha.jp
- ✉ 仙台市太白區秋保町湯元字除 9-4
- ☎ 022-724-7767
- 🕘 11:00～17:00（午餐至 15:00，下午茶最後點餐為 16:00）
- 休 週二　$ 每人平均 ¥1,000
- ➡ 搭 Takeya 交通「仙台西部線」在「瑞鳳前」，或搭宮城交通在「磊磊峽」下車，徒步 5 分鐘
- ⌛ 60 分鐘

石臼挽き珈琲店 秋保藁の家
Ishiusu Coffee Mill Brewing Akiu Straw Bale House

來杯自磨咖啡

如果秋保是仙台的後花園，「奧秋保」便是秋保的後花園，而在這間以稻草屋工法搭建的藁之家，可以探索秋保更多的自然風情。藁之家使用秋保當地的稻草、木材、竹子等為建材，是間以環保為理念打造的咖啡廳。

最特別的是，店家提供咖啡豆讓客人自己研磨，使用的是附近雕刻家打造的石臼，客人將用石臼磨好的咖啡粉交給店家，就能喝到充滿香氣的咖啡。而每個石臼的差異、磨的速度等因素也會影響咖啡的味道，因此每個人磨出來的味道都稍有不同，若跟朋友一同前往，不妨比較一下各自的咖啡有什麼差異吧。

1. 以大片玻璃搭配古民家風格 2. 店內的石臼

- http akiuwara.wixsite.com/waranoie
- ✉ 仙台市太白區秋保町長袋字管刈山 15
- ☎ 022-399-2350
- 🕘 10:00～17:00，國定假日無休
- 休 12 月底～2 月底休週一～四，其餘休週一～二
- $ 石臼咖啡 ¥600
- ➡ JR「陸前白沢站」搭計程車 10 分鐘
- ⌛ 40 分鐘

仙台萬花筒美術館

Sendai Kaleidoscopes Art Museum

轉一下，世界不一樣

萬花筒有趣之處就是一定要自己去窺探每個小小的洞，才能感受到從鏡片反射出的藝術。一般人對萬花筒的印象是長條筒狀，但其實世界上的萬花筒形式非常多，而仙台萬花筒美術館其中一間展覽室裡的常設大型萬花筒，就打破了我們對傳統萬花筒的想像。其他展覽室以特定藝術家為主題，特別推薦陶藝家辻輝子的作品，將陶藝結合萬花筒，從裡到外都是藝術。

美術館2樓的攝影區有各種萬花筒、小道具，喜歡拍照的人可以在這裡拍得盡興。體驗區可自製萬花筒，分為¥1,200、¥3,960和¥4,100三種價格，從簡單的款式，到置入天然石，以及製作變化更多的圓柱形都有，是個沒有語言隔閡，不分大人小孩都能玩得開心的地方。

- http www.iyashisekai.com/sendai
- ✉ 仙台市太白區茂庭字松場 1-2
- ☎ 022-304-8080
- ⏲ 09:30～17:00（最後入館 16:30）
- 休 冬季因設備檢查不定休，出發前請查詢官網
- $ 大學生以上成人 ¥900，小孩與 70 歲以上 ¥450
- ➡ 搭「宮城交通」在「松場」下車
- ⌛ 60 分鐘
- !? 除 2 樓攝影區以外，其他展覽室禁止拍攝

仙台市天文台

Sendai Astronomical Observatory

因棒棒糖而爆紅的天文台

天文台位於前往秋保溫泉的途中，從仙台市出發車程約22分鐘，若時間充裕，建議可來這裡逛逛。站在天文台展覽區，彷彿置身宇宙一般，精緻的擺設及詳盡的解說讓人對星象燃起更多的興趣，而直徑25公尺的星象儀每天會上演5次的投影秀，是個適合帶小孩來玩耍的景點。販賣部也是看點之一，許多可愛的產品吸引不少年輕族群前來朝聖，尤其以星象圖案的棒棒糖最受歡迎。

1. 棒棒糖有太陽、月球、恆星等 5 款｜ 2. 天文台展示區

- http www.sendai-astro.jp
- ✉ 仙台市青葉區錦ケ丘 9 丁目 29-32
- ☎ 022-391-1300
- ⏲ 09:00～17:00（週六延長至21:30，但展覽室至17:00）
- 休 週三，每月第二個週二，12/29～1/3
- $ 成人：展覽室 ¥610，星象儀單次投影秀 ¥610，套票 ¥1,000。另有學生票價
- ➡ 在仙台 63 號公車亭搭 Takeya 交通「仙台西部線」至「仙台市天文台」下車
- ⌛ 60 分鐘

拜訪竹鶴政孝認證的好山好水

NIKKA 宮城峽蒸餾所

NIKKA Miyagikyo Distillery

旅遊東北時，可能會遇到一定要自駕才能去的景點，然而NIKKA宮城峽蒸餾所卻是不開車才能玩得盡興的地方，這座位在作並溫泉區的威士忌酒廠，每天有定時的70分鐘免費導覽及試飲活動，是個非常划算又值得一訪的景點。

日本威士忌之父——竹鶴政孝在北海道余市建立全日本第一個威士忌蒸餾所後，還想尋找其他好山好水的地方，他來到仙台作並地區時，喝了一口「新川」（廣瀨川支流）的水後，便下定決心在此興建第二座NIKKA酒廠，這個關鍵性的新川，至今仍是宮城峽蒸餾所的釀酒水源。

宮城峽蒸餾所開放一般民眾免費參觀，參觀內容包括影片解說、蒸餾廠及儲藏室的導覽，結束之後是免費的試喝時間。提供繁體中文、英文等多語手冊，讓不會日文者也能融入導覽過程。

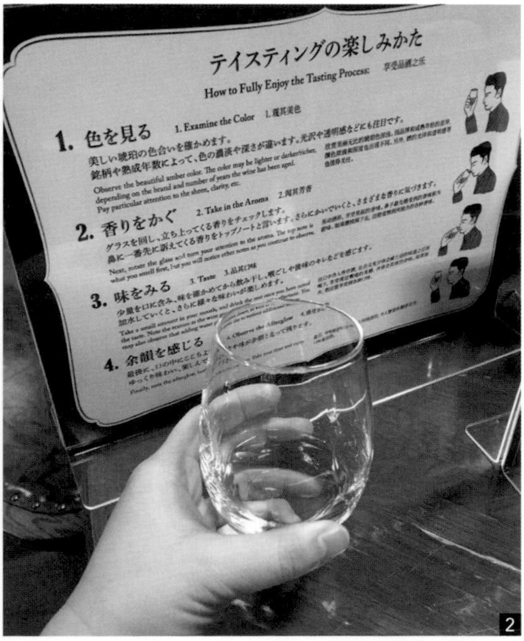

1. 須參加全程導覽才能試喝威士忌（有提供無酒精飲料給兒童及駕駛）｜ **2.** 威士忌試喝，建議依照顏色、香氣、味道、餘韻的順序品嘗威士忌的魅力｜ **3.** 宮城峽蒸餾所周遭環境清幽，冬季下雪後特別美麗｜ **4.** 展示酒的儲藏方式與原木｜ **5.** 4 款代表性威士忌展示區｜ **6.** 余市蒸餾所的壺式蒸餾器

如何預約「NIKKA 宮城峽蒸餾所」導覽

❶ 進入 NIKKA 官方網站的預約頁面。

http distillery.nikka.com/miyagikyo/reservation

導覽預約

❷ 點選預約日期。

❸ 點選預約時間，可參考電車及接駁巴士時間調整。

❹ 輸入人數，1~9 人可網路預約，10 人以上須電話預約。

❺ 選擇交通方式。大眾交通工具選「公共交通機関」，自駕選「マイカー」，計程車選「タクシー」。

❻ 點選下一頁「同意して予約を続ける」。

❼ 輸入姓名漢字及平假名。

★名字轉換平假名可參考：namehenkan.com/tw

❽ 點選下一頁「入力内容の確認」，資訊無誤後，再點選下一頁「予約の確認」即預約成功。

貼心提醒：預約完成會有一組預約號碼及密碼，若要取消可點選預約網站的右上方「見学のご予約確認・キャンセル」後輸入預約號碼及密碼即可取消預約。網路預約不可修改內容，若要更改人數，請先取消再重新預約。

5

6

http www.nikka.com/distilleries/miyagikyo
✉ 宮城縣仙台市青葉區ニッカ 1
☎ 022-395-2865　🕒 每日 09:00～16:30
$ 免費
➡ 平日：在仙台站 10 號巴士亭搭往作並溫泉的巴士，在「作並川崎」下車徒步 5 分鐘。週末及國定假日：搭 JR 仙山線至作並站，轉乘免費接駁巴士，車程約 7 分鐘
⌛ 90 分鐘

NIKKA 接駁車時刻表

資訊案內所

作並溫泉有「仙台第二後花園」之稱，位在仙台的重要命脈——廣瀨川旁邊，溫泉區內有 5 間溫泉旅館，日歸或住宿皆可，最近的接送車站與 NIKKA 酒廠一樣都在作並站，可與威士忌酒廠行程排在同日行程，一邊欣賞河川景致，一邊享受作並溫泉的魅力。

JR 仙山線「作並」站

守護市民的總鎮守

大崎八幡宮
Oosaki Hachimanagu Shrine

身 為日本國寶的大崎八幡宮，是伊達政宗於1607年建造的總鎮守，當年從日本各地請來一流工人，花了3年才打造完成。「讓家臣及庶民能幸福快樂」，是伊達政宗當年建造時的想法，作為守護仙台的象徵，至今仍是市民重要的參拜地點。從新年參拜、驅邪、除災到求勝、求財、安產等都是祈福重點，尤其大崎八幡宮的主祭神之一「應神天皇」以「勝運」為名，也讓許多運動選手來此求勝，東北唯一的職業球隊樂天金鷲隊也每年來這裡進行祈福。

大崎八幡宮於每年1月14日會舉辦全國最大規模的「松焚祭」，在祭典中會焚燒「門松」（放在玄關迎神的松竹擺飾）、避邪用的稻草繩等，目的是為了讓焚燒的「神火」將保佑平安的神送到家家戶戶。而松焚祭的看頭之一是，民間組成的參拜團成員，必須裸著上半身圍繞神火參拜，並咬著白色的紙，以避免互相談話，在1月寒冬中做這樣的打扮非常需要勇氣及毅力，若有機會來觀摩祭典，不妨為這些人加油打氣一下吧！

1. 大崎八幡宮境內｜2. 引火焚燒門松（圖片提供／仙台觀光國際協會）

- http www.oosaki-hachiman.or.jp
- 仙台市青葉區八幡 4-6-1
- 022-234-3606
- 境內全日開放，服務台為 09:00～16:00
- 免費
- ①仙台站 10 號或 15 號巴士亭搭巴士，在「大崎八幡宮前」下車
  ②搭 JR 仙山線至「国見」或「東北福祉大前」下車，徒步 15 分鐘
  ③搭乘 LOOPLE 仙台，在「大崎八幡宮前」下車
- 40 分鐘

松川達摩

不倒翁「松川達摩」是仙台的傳統工藝品，已有400年歷史，前身藍、背身紅，表情根據伊達政宗而設計，非常獨特。目前在大崎八幡宮擺放的是第十代職人本鄉久孝的作品，是個具有在地特色的祈福小物，很推薦購入當土產紀念。

松川達摩

瑞鳳殿

Zuihoden

瑞鳳殿是伊達政宗的墳墓，因他生前就被此地的自然環境所吸引，指定將來墳墓要建在這裡，因此即使伊達政宗死於東京，仍將遺骨搬回仙台，葬於瑞鳳殿。

走進杉木環繞的參拜道，感受到一般寂靜的氛圍，接著進入瑞鳳殿，華麗的外觀率先吸引了目光。瑞鳳殿下半部以黑色為基底，上半部則色彩繽紛，與大崎八幡宮同樣是桃山建築。在這麼耀眼的墓底下，是否真的存放了伊達政宗的遺骨呢？其實在第二次世界大戰後，重建瑞鳳殿時，為了確認地基是否足以乘載350噸的鋼筋混泥土，在伊達後代的同意下開挖了墳墓，發現伊達政宗的遺骨被石灰完整地保護著，此外也發掘了30多件陪葬品，包括他使用過的墨、鉛筆、菸管等，鉛筆在當時非常罕見，止證實了伊達政宗積極地派家臣考察歐洲、自己也親自使用西洋物品；現今遺骨及陪葬品均保存在一旁的資料館。

除了伊達政宗，二代忠宗、三代綱宗，也都葬於此地。瑞鳳殿境內搭配季節的變化會舉辦各種活動，推薦夏日及秋季舉辦的夜間點燈活動，晚上的瑞鳳殿也別有一番魅力。

- http www.zuihoden.com
- 仙台市青葉區靈屋下23-2
- 022-262-6250
- 09:00～16:50(11～1月提前至16:20，最終入館為關閉前20分鐘)
- 休 12/31，資料館為1/1
- $ ¥570
- 搭LOOPLE仙台在「瑞鳳殿」下車
- 30分鐘
- i 有中文語音解說

1. 瑞鳳殿的字為當年有名的書法家佐佐木文山所提字 | 2. 伊達政宗像平時不公開，僅在5/24忌日時會將門打開讓人供奉；華麗的裝飾代表當時的桃山文化 | 3. 夏天充滿綠意的參道 | 4. 伊達家家紋「豎三引兩紋」

仙台三大祭典的重要景點

青葉神社
Aoba Jinja

青葉神社建立於明治元年（1868年），主祭神為伊達政宗，青葉神社的宮司（神社最高掌管職）一直以來都是片倉家的神職人員所擔任，片倉家與伊達政宗的緣分可追溯到初代當主片倉景綱，當時他是輔佐伊達政宗的重要家臣之一，而這樣的主從緣分一直到現代仍不間斷，目前掌管神社的是片倉家第十六代當主片倉重信，因此也吸引不少為了一探歷史人物後代真面目的歷史迷前來參拜。

到了秋天，神社內泛紅楓葉讓神社更添份浪漫，是個交通方便又能遠離都市塵囂的賞楓好地點。此外，青葉神社也與仙台的重要慶典息息相關，每年5月中旬舉辦的三大祭典之一「仙台青葉祭」的起點就在這裡，想從頭開始參與祭典的話，可來青葉神社觀摩。

1. 有知名歷史人物的後代坐鎮，神社也成了歷史迷朝聖景點｜ 2. 青葉神社也是仙台賞楓景點之一

- http www.aoba-jinja.com
- 仙台市青葉區青葉町 7-1
- 022-234-4964
- 每日開放，服務台為 09:00～17:00
- 免費
- 搭 JR 仙山線或仙台地下鐵南北線至「北仙台」，徒步 10 分鐘
- 30 分鐘

手持盔甲帽的伊達政宗

有看過脫下盔甲帽的伊達政宗嗎？在青葉神社隱藏了一尊姿勢特殊的伊達政宗銅像，是連在地居民都不太知道的小驚喜，至於為什麼要設立脫下盔甲帽的伊達政宗銅像，仍然是未知的謎，或許設計者是打算讓主祭神以他最驕傲的神情，來迎接參拜的人也說不定。

這尊特別的伊達政宗銅像就立在水手舍

仙台知名繡球花景點

資福寺
Shifukuji

資福寺是仙台臨濟宗妙心寺派的寺院，每到6月中，院內上千株繡球花華麗綻放，成了仙台最有名的繡球花景點，因此也被稱作「仙台繡球花寺」。

資福寺原本是建在山形縣高畠町，後來跟著伊達家搬遷，曾遷到宮城縣大崎市岩出山，而後又搬到仙台。現在資福寺的土地仍是伊達家所擁有，也是安放伊達政宗的父親伊達輝宗遺骨的所在地點。

3

1

2

- 仙台市青葉區北山 1 丁目
- 022-234-5730
- 每日開放
- 免費
- 搭 JR 仙山線或仙台地下鐵南北線至「北仙台」，徒步 12 分鐘
- 30 分鐘

1、2. 參拜道路兩旁開滿繡球花｜ **3.** 過去的住持曾任教師，因此境內放置推廣閱讀的二宮金次郎銅像

祭祀仙台藩守護神德川家康

仙台東照宮
Sendia Toshogu

說到東照宮，大多數人比較熟悉的是栃木縣「日光東照宮」，但其實仙台也有祭祀德川家康的東照宮。在伊達政宗過世後，仙台接連發生水災、火災等，當時的德川幕府見義勇為，對陷入財政困難的仙台藩進行大力援助，才讓仙台藩脫離困境。當時二代藩主伊達忠宗，為感念德川家的恩惠，成功取得德川家光的同意，於1654年創立仙台東照宮，並將德川家康當作仙台藩的守護神祭祀。

當時搬運主祭神動用了大量的人力，只花了一週的時間就從京都幕府運到仙台。這個儀式被稱作「神輿渡御」，現在為每5年舉辦一次，每次招募200人抬轎，重現當年光景，非常壯觀。近期的舉辦日期在2028年4月。

- s-toshogu.jp
- 仙台市青葉區東照宮 1-6-1
- 022-234-3247
- 每日開放，服務台為 09:00～16:30
- 免費
- 搭 JR 仙山線至「東照宮」，徒步 1 分鐘
- 30 分鐘

東照宮鳥居

無柵欄動物園

八木山動物公園
Yagiyama Zoological Park

八木山動物公園是仙台唯一的動物園，動物種類非常多，共約130種，超過500隻，從兔子、水豚、綿羊等可愛動物，到美洲象、獅子、蘇門答臘虎的大型猛獸都能在這裡看到。八木山動物公園採用的展示方式為「無柵欄放養」，讓人們能更自然地親近動物。此外還有與兔子、天竺鼠等小動物的互動時間，包括觸摸及餵食體驗，但可能會因天候或動物的身體狀態有所變動，建議抵達園內後，確認當天的體驗時間。

1.2. 園內動物｜3. 八木山動物園入口

1

2

http www.city.sendai.jp/zoo
✉ 仙台市太白區八木山本町1-43
☎ 022-229-0122
⏲ 09:00～16:45，最後入園16:00(11～2月提前至16:00，最後入園15:00)
休 週一(如遇假日則順延至週二)，12/28～1/4
$ 成人¥480，國中及國小生¥120，國小以下免費
➡ 搭仙台地下鐵東西線至「八木山動物公園」，沿著站內指示即可抵達入口
⌛ 2小時

日本最高的地下鐵站 vs. 日本最低的山

八木山動物公園直通的「八木山動物公園站」雖然是地下鐵的車站，但車站已經是在路面，而且海拔高達134.6公尺，直至2020年6月以前是「全國海拔最高地下鐵站」(2020年7月之後被神戶地鐵谷上站超越)。

說到高度，仙台同時還有一個日本第一低的地方，那是位在仙台港附近的「日和山」，僅海拔3公尺，卻是日本國土地理院記載日本最低的山。每年7/1，與富士山同一天「開山」，當天會舉辦開山儀式及登山活動，讓任何人都能取得登頂證明，成了仙台市有趣的話題之一。

✉ 仙台市宮城野區蒲生町87

1

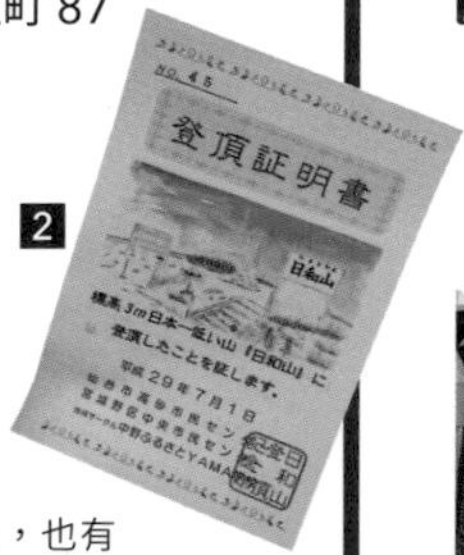

2

1. 日和山雖然只有3公尺，也有可以爬的階梯｜2. 每年會舉辦開山活動，並頒發登山證明書

3

仙台市博物館
Sendai City Museum

仙台市博物館的位置在400年前是仙台城的三之丸，除了地理位置與伊達家密不可分，收藏品也多為伊達家致贈的資料及物品，包含書畫、漆器、歷史文件等超過千項。最知名的展示品為伊達政宗實際使用過的盔甲，而這個盔甲，也是知名電影《星際大戰》中黑武士造型的參考對象，經由館長證實，當年電影製作單位為了取得盔甲的照片，直接打國際電話到仙台市博物館，博物館也將照片送至美國，成了知名電影的幕後助力之一。博物館正進行大規模整修中，預計2024年4月重新開放。

- http www.city.sendai.jp/museum
- 仙台市青葉區川内 26
- 022-225-3074
- 09:00～16:45，最後入館 16:15
- 休 週一，國定假日隔日
- $ 大人 ¥460，高中生 ¥230，國中生以下 ¥110
- 仙台地下鐵南北線至「國際中心」(国際センター)南 1 出口，出站往右斜方沿著展示棟走，過馬路即可達
- 約 1 小時

仙台市博物館外觀

資訊案內所

五色沼

在仙台市博物館附近，有個不太起眼的小池塘，但它可是與日本花式滑冰的歷史息息相關。1890 年代，日本各地都有歐美人士在教日人滑冰，但 1897 年時，有一位外國傳教士在冬季結冰的五色沼上教孩子花式滑冰，使這裡成了日本花式滑冰的發源地。雖然現在五色沼已經不會結冰，但巧合的是，如今活躍世界的日本滑冰選手羽生結弦、荒川静香都出身於仙台。兩位選手的紀念人形立牌和手印，也特地被設立在這個具有歷史意義的五色沼附近。

1

2

3

1. 五色沼冬景｜**2.** 夏天的五色沼｜**3.** 地下鐵國際中心站外羽生結弦、荒川静香的人形立牌與手印

東北唯一職業球團主場

宮城球場
Miyagi Baseball Stadium

宮城球場（別名：樂天Mobile Park宮城）為日本職棒太平洋聯盟「東北樂天金鷲」（東北楽天ゴールデンイーグルス）的主場，想在仙台體驗看棒球的樂趣，建議選在3～11月球季期間來旅遊，一起為「東北樂天金鷲」打氣。

若僅看棒球不過癮，可以參加每年4～9月的不定期導覽活動，一人即可參加，且不須預約，在官網公布的日期前往球場即可，抵達後會有球團的志工進行導覽，可參觀球員休息室、練球區、球場草皮、VIP座位等，還能從身為忠實球迷的志工們口中聽到一些有趣的小故事。若有特別想去的座位、休息區都能向志工說，是個可以大逛特逛球場的好機會。如果穿高跟鞋參加導覽，就不能踏進草皮，想趁這個機會進入球場的人，請記得穿不會傷到草皮的鞋子。

貼心提醒：在球場無論買票或購入食物、飲品，都不能使用現金付款，只能以信用卡或與樂天相關的電子支付方式付款，記得事前開通信用卡的國外刷卡功能。若沒有信用卡，可使用「樂天edy」卡，它是現金儲值卡，可在球場內的樂天電子支付櫃檯（楽天キャッシュレスデスク）購買及加值。

免費參觀日期

1. 參加免費導覽，可以觀覽空無一人的球場風景｜ 2. 若選擇當日現場購票，記得準備現金以外的付款方式

www.rakuteneagles.jp
仙台市宮城野區宮城野 2-11-6
022-298-2030
僅球賽時及公告的參觀時間內開放
參觀時間內參觀免費，球賽則依日程、座位票價有所變動
①搭 JR 仙石線至「榴ヶ岡」(距離 JR 仙台站僅 1 站)，從出口 2 出來後直走 7 分鐘。②球賽當日，於仙台站東口(賽前 2 小時～ 30 分鐘出發)與球場門口(8 局後半～比賽結束 45 分鐘後)有球賽限定接駁巴士，客滿即隨時出發，單程 ¥100，約 8 分鐘
參加導覽約 1.5 小時

雨天也無法阻擋球迷的熱情

資訊案內所

球賽購票須知

想看球賽，可直接在球場購買當日票，若想坐到更好的位置，建議可以在網路或仙台的店鋪預購。

① **網路購入：**需登入樂天帳號，適合稍微懂日文的人。 eagles.tstar.jp

② **店面購入：**可在以下店鋪購入。 www.rakuteneagles.jp/shopping

樂天金鷲商店 S-PAL 仙台

S-PAL 仙台店

仙台市青葉區中央 1-1-1 エスパル仙台東館 1 樓
022-762-8919
10:00 ～ 21:00(若夜間有球賽延長至 22:00)
休 依 S-PAL 仙台為主
仙台站直通 S-PAL 仙台東館 1 樓

從震災遺跡學習避難知識

仙台市荒濱小學

Arahama Elementary School

西元2011年3月11日，日本經歷大規模地震及海嘯災害，東北太平洋沿海地區受災嚴重，位在沿海的仙台市也無法逃過海嘯的侵襲。雖然市中心受災較輕，但靠海的若林區六成土地浸水，海水最遠進入內陸4公里，其中荒濱地區受到嚴重的破壞，可說整個村落都被滅頂。

仙台市荒濱小學是荒濱地區主要避難場所之一，當時學生、教師以及附近居民，共320人在此避難、全員平安無事。然而，這不幸中的大幸並非只是僥倖，是經過校長正確的判斷、各地町會長的協助，以及平時的避難訓練，才得以避免更大的悲劇發生。

海嘯威力超乎預測，校舍1樓完全被海嘯侵蝕，高達兩層樓的海水使得所有人僅能逃到屋頂避難、等待援助，前後耗費了72小時才將所有人救出，驚險過程被完整記錄在荒濱小學內。

1

2

5

3

4

1. 體育館的時鐘，停在海嘯來襲的15:55｜2. 原本避難場所設定在2樓，但當年實際海嘯已超過2樓的地面高度｜3.4. 當時被海嘯破壞的校舍，盡量保持完整以呈現真實｜5. 廢校的荒濱小學整頓成震災遺址讓民眾免費參觀｜6. 震災後才建立的堤防｜7. 荒井站的2號巴士亭

在311災難後，也許大多數人的防災知識提升了，但人類是會遺忘的動物，為了傳達給沒有經歷過海嘯的後代，文字的紀錄與實物保存顯得非常重要，也因此校舍內刻意保留當年被海嘯侵蝕的痕跡，展示包括地震發生到全員被救出的過程、海嘯後設置的避難措施，以及簡單易懂的防災知識，整個遺跡沒有太多感情的訴求，取代而之的是事實與對後人的告誡。

http bit.ly/2Ucn3uQ
✉ 仙台市若林區荒濱字新堀端 32-1
☎ 022-355-8517
⏲ 10:00～16:00(4/27～5/6 及 7/2～8/31 延長至 17:00)
休 週一，第二、四個週四（遇國定假日則延至隔日），年末年初，國定假日隔日
$ 免費
➡ 從仙台地下鐵東西線「荒井」的 2 號巴士亭，搭乘前往「旧荒浜小学校前」的巴士★至「旧荒浜小学校前」下車，車程約 15 分鐘，成人車資 ¥240。
★巴士平日 9～12 點約在各小時的 43 分，與 13:27、14:21 發車，週末與假日 9～14 點都在各小時的59分發車（時間如有異動，請以現場公告為主）
⌛ 1.5 小時

7

6

當時發生了什麼事？
來交流館更認識震災

仙台3.11記憶交流館
Sendai 3/11 Memorial Community Center

相對於荒濱小學是以實際經驗來傳達防災的重要性，仙台3.11記憶交流館算是全面地還原海嘯的經過以及後續的處理，以時間軸去整理當時的狀況，並透過不同的展覽企劃呈現，提供一個可以交流的場所。

交流館位在地下鐵荒井站建物內，可以在前往荒濱小學前後，順道來交流館看看，或是時間有限，無法前往荒濱小學的話，也可以僅藉由交流館，了解居民們如何用各種方式，表達他們對震災的記憶。

http sendai311-memorial.jp
✉ 仙台市若林區荒井字沓形 85-4
☎ 022-390-9022
⏲ 10:00～17:00
休 週一（遇國定假日則延至隔日），國定假日隔日，年始年末
$ 免費
➡ 仙台地下鐵東西線「荒井」車站閘口外
⌛ 30 分鐘

震災發生時的時間軸

仙台飲食文化

伊達政宗留下的飲食文化

說到仙台的飲食文化，不得不提到仙台藩初代藩主伊達政宗。許多歷史文獻都有記載伊達政宗對美食的堅持，甚至還會自己發想食譜、作料理。最具代表性的事蹟是蓋仙台城時，伊達政宗特別建造了「御塩噌蔵」，為仙台的味噌、鹽巴產業打下基礎，之後也製造了流傳至今的味噌品牌「仙台味噌」。

二戰後牛舌熱潮興起

雖然伊達政宗為仙台美食寫下重要的一頁，但如今最知名的仙台美食「牛舌」其實是到第二次世界大戰結束後才興起。二戰後社會情勢動盪、治安較差，容易經營的燒烤店如雨後春筍般出現，其中一間店「太助」由日本料理職人掌廚，為了做出獨特性而開始研究牛舌。當年牛舌不易取得，當時的社長為了買牛舌四處奔走東北各地，並研究出最適合日本人的調味及吃法，也就是現在最常見的定食吃法，炭烤牛舌配上小麥飯、醃漬物。現在在仙台可以吃到牛舌的店家超過100間，吃法、調味又更多元，值得細細品嘗。

1

2

3

4

5

6

1. 在仙台許多點心都會推出毛豆泥口味｜**2.** 小麥飯、牛尾湯都是牛舌定食中常見的餐點｜**3.** 牛舌歷史演變到現代，有許多不同調味、料理方式｜**4.** 由於仙台靠海，擁有許多新鮮海產，牡蠣還能生吃喔｜**5.** 仙台也有許多便宜好吃的壽司｜**6.** 仙台茄子的特色為細長狀（圖片提供／宮城県観光プロモーション推進室）

鄉土美食結合現代甜食、土產

仙台有許多鄉土料理，其中「毛豆泥麻糬」最為知名，據說也是伊達政宗喜愛的美食之一。

製作毛豆泥非常簡單，將毛豆絞碎後混入砂糖即可，依照絞碎的程度及砂糖比例不同，每個家庭的味道也不盡相同。

毛豆泥不但深受各年齡層愛戴，也是個悠久不衰的鄉土料理，因此除了毛豆泥麻糬，也發展出不同特色甜點，包括毛豆泥鬆餅、毛豆泥冰沙、毛豆泥冰淇淋等等，在仙台可以品嘗各種風格的毛豆泥甜品，土產也十分多樣，毛豆泥的愛好者絕對不能錯過。

靠山近海，海鮮蔬菜皆是絕品

仙台的水源、氣候等自然條件很適合發展四季食材，由於靠海也靠山，相較其他東北地區積雪不多，容易種植米及蔬菜，因此米飯及季節蔬菜也是仙台飲食文化重要的一環。仙台特有的傳統蔬菜包括仙台彎曲青蔥、仙台雪菜、仙台大白菜、仙台長茄子等。

其中宮城縣水芹生產量為日本第一，仙台的水芹品牌「仙台水芹」聞名全國，與一般水芹最大不同是可以連根都一起吃，口感酥脆、味道不苦，取而代之的是淡淡的香氣與甘甜。「水芹火鍋」是最常見的吃法，收穫季節為9月～3月，到了冬天，仙台許多居酒屋會推出季節限定水芹鍋，也是仙台人冬天的必嘗料理。想品嘗最好吃的仙台水芹，記得選在收穫季節前來。

1. 毛豆泥奶昔｜**2.** 中間為毛豆泥麻糬｜**3.** 仙台水芹可連根一起吃｜**4.** 有淡淡香氣的水芹鍋

仙台美食

美食、新鮮食材、人情味！

仙台朝市
Sendai Asachi

想看一個城市的人情樣貌，就得來到當地的市場。

仙台朝市為代表仙台的市場，走進朝市，可以聽到多達70間攤販的叫賣聲，除了基本蔬果類，還有來自宮城縣內捕獲的各種魚類，不只販賣生鮮食品，還有餐廳、咖啡廳、小吃店等，一天的第一餐，就來這個仙台人的廚房飽足一頓吧。

- http sendaiasaichi.com
- ✉ 仙台市青葉區中央 3-8-5
- 🕒 08:00～18:00(依照店家有所差異)
- 休 週日及國定假日
- ➡ 仙台站西口走往對面的 PARCO 2 館，沿著 PARCO 2 館左側巷子徒步 1 分鐘
- ⌛ 1.5 小時

1

4

2

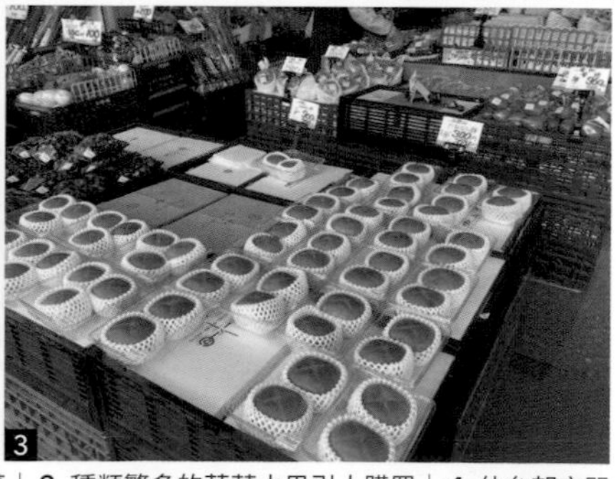
3

1. 仙台朝市販賣許多海鮮食材｜**2.** 仙台朝市販賣許多新鮮蔬菜｜**3.** 種類繁多的蔬菜水果引人購買｜**4.** 仙台朝市門口

庄家
Shoya

推薦①

07:30 ～ 14:30

從 PARCO 2 館左側巷子進去約 50 公尺

擔心早餐吃不下豪華的海鮮丼嗎？庄家的海鮮丼飯分量不但適合食量小的人，也適合想在朝市品嘗其他美食的旅客，最便宜的「朝市丼」只要¥500，經濟實惠。如果想飽食一頓，也有大碗的「大漁丼」，點餐都會附上熱熱的味噌湯，推薦當早晨的開胃餐，吃完後精神飽滿地往下一個目的地出發！

斎藤惣菜店
Saito Souzaiden

推薦②

09:00 ～ 18:00（週六至 17:00，賣完為止）

在庄家對面

丼飯吃不飽的話，就來吃個炸物填飽肚子。斎藤惣菜店僅販賣炸物，種類超過20種，其中可樂餅人氣最旺，馬鈴薯口味的可樂餅一個只要¥65，非常划算。另外還有南瓜、栗子等其他口味。

民眾常為了購買炸物大排長龍

110 COFFEE

推薦③

08:00 ～ 16:00

從 PARCO 2 館左側巷子進去後約 50 公尺，往左側賣蔬果的大樓裡面走即可達

在忙碌的朝市中，隱藏著一間安靜、舒適的咖啡廳110 COFFEE，它是朝市少數有座位的餐飲店，咖啡使用自家特調豆，如果習慣每天早上來一杯咖啡，可吃完早餐後來這裡稍作休息。

1

2

3

1. 店內一景｜2. 店門｜3. 咖啡廳位在最裡面（紅色箭頭處）

仙台牛舌餐廳

仙台的牛舌（牛タン或牛たん）餐廳百家爭鳴，每間店有自己的調味、烤法、牛舌厚度的堅持，即便是仙台人，每個人喜愛的店家都不盡相同，來一起看看仙台人會去哪些牛舌店，再來實地探索，找出自己最愛的牛舌店吧！

善治郎 Zenjirou 仙台站前本店

仙台大部分的牛舌連鎖店在日本其他地方也能吃得到，但這間善治郎是少數僅在仙台地區開店的牛舌店，不拓展連鎖來努力維持每間店鋪的品質。善治郎的牛舌口感軟嫩，調味稍偏鹹，但不會太膩，推薦第一次嘗試牛舌的人來嘗嘗看。

1

2

www.tanya-zenjirou.jp/restaurant/honten
仙台市青葉區中央 1-8-38 AK 大樓 3F
022-723-1877
11:00～23:00(最後點餐 22:30)
休 1/1
位在仙台站西口對面，商店街入口 2 樓

1. 仙台站前店外觀。仙台站附近還有其他 2 間分店｜**2.** 牛舌定食 3 枚 ¥1,500，厚切 ¥2,400。1 片牛舌可以切成兩塊，因此菜單中寫的「3 枚」是 6 塊牛舌

司 Tsukasa 西口名掛丁店

與善治郎同樣是只在仙台開業的牛舌專賣店，司的牛舌在準備上特別下工夫，使用澳洲或美國產的的高級牛，並經過5小時醃製，讓肉質口感柔軟且有咬勁。炭烤使用的岩手縣木炭，除了讓火力更大，也是為了防止牛舌美味流失，配上宮城的米飯後，成了充滿東北魅力的牛舌套餐。

司位在 Hapina 名掛丁仙台商店街內，非常便利

www.gyutan-tsukasa.co.jp
仙台市青葉區中央 1-8-25 マジェスティビル 2F
022-797-0265
17:00～23:00(最後點餐 22:30)
休 1/1
從仙台站西口徒步 3 分鐘，位在 Hapina 名掛丁商店街內

一福
Ippuku

一福位在仙台夜生活最熱鬧的國分町內，僅此一家，沒有分店。從第一代店主到第二代的經營，已經有35年的歷史，是在地人熟悉的牛舌老鋪。最推薦的菜色是「味噌牛舌」，使用的味噌是仙台在地品牌「仙台味噌」，比起一般鹽味牛舌口味稍微濃郁，但味噌的香氣與牛舌意外地頗為搭配。

http www.ippuku.net
仙台市青葉区国分町 2-10-4 魚好大樓 1F
022-265-7914
11:30～23:00(最後點餐 22:30)
休 週日
從仙台站西口徒步 20 分鐘，或搭乘地下鐵至「廣瀨通」後徒步 5 分鐘

1. 人氣餐點味噌牛舌｜2. 國分町是仙台夜生活最繁華的街道

閣 本店
Kaku

閣的牛舌口味偏大眾，油脂剛好、鹹度適中，咬起來也富有彈性，如果不希望牛舌的調味太重，這裡是不錯的選擇，香氣十足會讓人一口接一口。閣在仙台有3間店鋪，位在商店街內的本店經常大排長龍，建議在平日前往人潮較少。

位在仙台商店街的 B1，從箭頭處下樓

http gyutankaku.in
仙台市青葉區 1 番町 3-8-14 鈴喜陶器店 B1
022-268-7067
每日 11:30～14:30、17:00～22:30，最後點餐為閣店前 30 分鐘
仙台站西口徒步 15 分鐘，或搭地下鐵至「廣瀨通」徒步 1 分鐘
午餐時段僅接收現金付款，不可刷卡

Follow me! 吃牛舌的點餐技巧

普通 vs. 厚切

若第一次在仙台吃牛舌，無論在哪間店，看到菜單有分普通與厚切的話，推薦一定要選厚切，雖然價格稍微高了一點，但牛舌要有一定的厚度，才能享受它的咬勁。

白飯及牛尾湯

大部分的牛舌套餐都會附上白飯及牛尾湯，牛舌的調味也會以配飯及湯為前提去製作，因此建議不要為了省錢而只吃牛舌，特別是日本東北米飯粒粒分明的口感及誘人的香氣，配上牛舌最對味。

在地人最愛的現烤鯛魚燒

鯛きち 名掛丁本店

Taikichi

點心

鯛きち是仙台人氣鯛魚燒店，本店從仙台站西口出來後沿著 Hapina 名掛丁商店街走，在第一個路口就能看到店面（從北 6 出口亦可達）。提供 3 種口味現烤鯛魚燒，分別是紅豆跟奶油，以及週末限定的毛豆泥。店家使用特殊加工的鐵板，製作時不放油，最後烤出酥脆的麵皮、香噴噴的內餡，美味令人讚不絕口。想要外帶的話，可以購買冷藏保存的鯛魚燒。

- http taiankichijitsu.com/pc
- 仙台市青葉區中央 2-1-30
- 022-224-7233
- 每日 10:30 ～ 19:30(售完為止)
- 休 無
- $ 紅豆及奶油口味皆 ¥150
- ➡ 仙台站北 6 出口處

1. 現烤只有巧克力、紅豆、鮮奶油口味，其餘為常溫或冷藏｜ **2.** 名掛丁店｜ **3.** 不時會推出期間限定口味，如香腸、草莓、牛奶、奶油等

仙台魚板老店

阿部蒲鉾店 本店

Abekama

點心

說到魚板，台灣人可能最先想到火鍋料，但仙台的「竹葉魚板」跟火鍋料的魚板口感完全不能比，仙台魚板最大的特色是保留了魚本身的鮮味，不用加熱，直接生吃也沒問題，味道十分美味。仙台魚板的由來可追溯至明治時期，當時東北的漁師將魚肉不需要的部分製成漿狀，進而發展成方便燒烤的長條形，因此也曾被稱為「手魚板」或「舌魚板」，直到 1935 年，阿部蒲鉾店參考伊達家的竹雀家紋而取名為「竹葉魚板」，並將此名稱沿用至今。

在阿部蒲鉾店除了可以買到魚板土產，還能自己現烤，有趣的是在鐵條上由於火力分配不均，要烤到剛剛好可沒這麼簡單，因此每個人烤出來的魚板都不一樣。雖然店員會說要有點焦才是剛好，但喜歡吃生一點的人也能提前完成，簡單又好玩的體驗，不妨來試試！

本店外觀

- http www.abekama.co.jp
- 仙台市青葉區中央 2-3-18
- 022-223-8966
- 10:00 ～ 18:30(手烤魚板至 16:00)
- ➡ 從仙台站西口出站後，沿著商店街徒步 10 分鐘
- $ 手烤魚板體驗 ¥300
- i ①體驗時間約 10 分鐘 (可依照自己喜好的燒烤程度調整) ②松島寺町店也可體驗烤魚板

毛豆泥也能當甜點？

ずんだ茶寮
S-PAL 仙台店
Zunda Saryo

點心

ずんだ(zunda)在日文是毛豆泥的意思，毛豆泥作成的毛豆泥麻糬是仙台的鄉土名物之一，作法是將毛豆打碎後加入砂糖及食鹽，又鹹又甜的味道為最大特徵。毛豆泥茶寮是仙台最大毛豆泥連鎖店，提供許多相關甜點及土產。除了毛豆泥麻糬，還配合年輕人喜好，推出將毛豆泥與點心結合的毛豆泥奶昔，也很有人氣。

毛豆泥茶寮在仙台站內有3間店，分別在3樓、2樓及B1，3樓及B1的店有附設座位，可悠閒品嘗毛豆泥的美味。

http zundasaryo.com
✉ 仙台市青葉區中央1-1-1 S-PAL 仙台店 B1
☎ 022-715-0251
🕘 每日09:00～22:00(最後點餐21:30)
$ 毛豆奶昔 ¥295 起
➡ 仙台站 B1

1.S-PAL 仙台店｜**2.** ずんだ茶寮的毛豆泥奶昔｜**3.** 村上屋餅店的三色麻糬（芝麻、毛豆泥、胡桃）

在地老鋪的手作質感

村上屋餅店
Mulakamiya Mochiten

點心

想品嘗美味的手作毛豆泥麻糬，這間百年和菓子店是首選。村上屋餅店於明治時代開業，以毛豆泥麻糬為業，傳說經營者的祖先是伊達家御用點心師傅，因此這間店也有「毛豆泥麻糬之父」之稱。

現為第四代店主經營，每天手作的麻糬僅僅靠3種材料：毛豆、鹽、糖，手作的樸實感加上不會過甜的調味，讓人一吃即上癮。店內有少數座位，可選擇內用或外帶，由於未添加防腐物，外帶一定要當天吃完。村上屋餅店的毛豆泥麻糬從麻糬的咬勁到毛豆泥的鮮度都不馬虎，也難怪作為一家代代相傳的老鋪，能得到在地人一代又一代的支持。

歷經四代的經營，是仙台家喻戶曉的老店

http bit.ly/2QJ1wrz
✉ 仙台市青葉區北目町 2-38
☎ 022-222-6687
🕘 09:00～18:00
休 週一（遇國定假日則延隔日）
➡ 仙台站徒步 15 分鐘，或搭地下鐵南北線至「五橋」北 4 出口徒步 7 分鐘

珈巣多夢

定禪寺通店

Coffee Custom

傳承 40 年的風味，深烘咖啡種類豐富

如果喜歡日式喫茶店氣氛及濾布手沖咖啡的話，珈巣多夢是很值得朝聖的咖啡廳。第一代老板於 1976 年在定禪寺通開業，現在將這裡交棒給兒子經營，自己則在仙台其他地方開第二間店。

珈巣多夢的特色是有許多種類的深烘咖啡豆，烘焙方式是使用手動滾筒炭火式，需要耗費不少時間，是屬於較為稀有的烘焙法。而沖煮出的咖啡也偏濃郁，比例為 160 毫升的水及 20 克的咖啡豆。不只如此，每樣咖啡都能選擇更上一層的「特濃」，比例為 110 毫升的水及 35 克的豆子，喜歡濃郁咖啡的饕客不妨來品味一下。

除了有 9 種單品及特調咖啡外，還有當月限定單品，在珈巣多夢，深烘過的咖啡不但香氣仍維持得住，經過濾布手沖後，咖啡深層的味道被提取出來，喝起來不但不會過於苦澀，反而有回甘的滋味。

店面狹窄，卻擁有各類型的座位：想一人安靜時就坐窗邊，想跟老板聊天可坐吧檯，若與親朋好友來則可選 4 人座；僅僅 16 個座位容納了不同需求。帶著小孩也沒關係，有可可亞、牛奶無咖啡因飲品，鬆餅、蛋糕等甜點也不缺席，無論是獨自旅行，還是與好朋友的文青咖啡廳巡禮，都很適合，12 月來還可欣賞「仙台光之樂章」點燈活動。

1. 用濾布沖咖啡是這家店的一大特色｜ **2.** 店內空間不大，保有傳統日式喫茶店的氣氛｜ **3.** 咖啡續杯半價（不同種類也可以）｜ **4.** 使第二代老闆，也是定禪寺通店的店長

http www.coffee-custom.com
✉ 仙台市青葉區国分町 3-2-2 2F
☎ 022-225-6879
⏲ 12:00 ～ 23:00（週日提前至 18:30 關店）
休 週一 $ 咖啡 ¥500 起
➡ 搭仙台地下鐵南北線至「勾當台公園」出口 2，徒步 2 分鐘

HEY

一天之計在於晨：
仙台的早餐新選擇

HEY 是仙台兩間知名咖啡廳 Oval 與 WELCOME 合併的店。後者主要提供的是特色早餐，菜單參考了西方的開放式三明治，「鮭魚開放三明治」使用雜糧麵包、鮭魚、半熟煎蛋配上羽衣甘藍、蒔蘿及菲達起司等簡單食材做成，是人氣菜單之一。WELCOME 代表的可以是歡迎來到一個地方，也可以是迎接一天的到來，店主希望讓咖啡廳吃早餐的文化，滲透到仙台人的生活中。在與提供飲品及點心為主的 Oval 合併後，除了早餐，選擇更為多樣。店內寬廣的座位讓人感到放鬆，很適合當作一天行程的序章。

1. 開放式櫃檯，讓客人也感到輕鬆自在｜2. 開放式三明治是 WELCOME 的招牌

IG www.instagram.com/hey_oval_welcome
仙台市青葉區片平 1-1-11 カタヒラ大樓 1F
080-9638-2097
09:30～18:00
休 週四
從仙台站徒步 12 分鐘，或搭地下鐵至「青葉通一番丁」南 2 出口徒步 6 分鐘

CAFE SOYO

在正統茶道中
開發的
創意日本茶

「喝日本茶時要轉兩次茶碗，但其實很多日本人並不知為何而轉。」昏暗的店面裡，老板說著日本茶的知識，轉兩次的目的，是為了將茶碗的正面圖案轉向對方，以示敬意。但仔細看，店裡的茶碗都是全白的，沒有任何花樣，疑惑之時，老板給出了解答。「雖然茶道有很多規則，但我這裡是咖啡廳，希望大家不用在意，開開心心喝茶就好。」在不容易喝到日本茶的仙台，CAFE SOYO 更顯得獨創一格。有咖啡、日本茶、甜點，還有午餐定食，豐富的菜單很難想像都是老板獨自完成的。曾到京都鑽研茶道的他，並沒有走上正統的茶道之路，而是活用茶道知識開咖啡廳，包括紅酒杯盛裝日本茶、獨創和洋結合的點心，在講求規則的日本茶中，踏出了一條不同的路。

可以的話，喝一杯抹茶當宵夜也不賴

http soyo.main.jp
仙台市青葉區柏木 1-1-50
022-272-0729
11:30～19:30
休 週一
$ 飲品 ¥400 起
搭仙台地下鐵南北線至「北四番丁」北 2 出口，徒步 8 分鐘

仙台文化體驗

鐘崎總本店竹葉魚板館、七夕館

鐘崎總本店竹葉魚板館和七夕館分成兩個館，其中在七夕館可以觀摩仙台七夕祭使用的裝飾，並參加體驗自製小型裝飾。

- 仙台市若林区鶴代町 6-65
- 022-238-7170
- 09:30 ~ 18:00
- 從仙台地下鐵荒井站搭乘 16 系統或 18 系統公車，在「卸町東五丁目北」下車

1

2

自製七夕裝飾體驗

仙台最大的祭典「仙台七夕祭」在每年8月6日至8月8日舉辦，為日本最大的七夕祭，期間在商店街會增添許多七夕裝飾（詳見 P.17 介紹）。如果在非祭典期間到仙台旅遊，推薦來鐘崎總本店欣賞七夕裝飾，不分季節都能感受仙台七夕祭氛圍。七夕館為免費入場，體驗自製裝飾必須事前在官網預約，館方會準備好道具、材料及翻譯機，步驟也很簡單，只要跟著解說人員的示範一起製作，很快就能完成屬於自己的七夕裝飾。

自製魚板體驗

竹葉魚板為仙台名物之一，最大的特色是保留了魚本身的鮮味及彈性的口感。仙台魚板的由來可追溯至明治時代，當時東北的漁師將魚肉不需要的部分打成漿，並發展成方便燒烤的長條形，因為形狀像竹葉而被命名為「竹葉魚板」。

在鐘崎總本店竹葉魚板館有兩種體驗，一個是魚板教室，另一個是DIY烤魚板，提供烤魚板體驗的店家較多，但在鐘崎總本店想可以從魚漿開始製作，搓揉魚漿、捏成竹葉形狀到將魚板烤熟都有人一步步教學，最後吃下自己做的魚板，別有一番美味。

- www.kanezaki.co.jp/shop/belle_factory/sasakama_tezukuri.html
- 45 分鐘，每天有 5 個時段可選擇
- ¥1,000

七夕傳統裝飾

七夕裝飾有 7 個傳統裝飾，每個小物都代表不同意思，手製體驗就是將這 7 項小物組合起來。

紙衣：祈求小孩平安健康以及裁縫技術精進。
裝飾：最顯眼的掛飾，代表織女的彩線，與紙衣一樣祈求裁縫技術精進。
短冊：祈求學問、學業更上一層樓。
折鶴：祈求長壽。
巾著：祈求節約、生意興隆。
投網：原本是象徵漁網，祈求漁夫豐收，現在則代表祈求幸運。
屑籠：早期作為垃圾桶使用，有代表節儉、整理、清潔的意思。

http www.kanezaki.co.jp/shop/belle_factory/tanabata_tezukuri.html
60 分鐘，可選擇 11:30 或 14:00 開始（每天舉辦）
$ ¥1,500

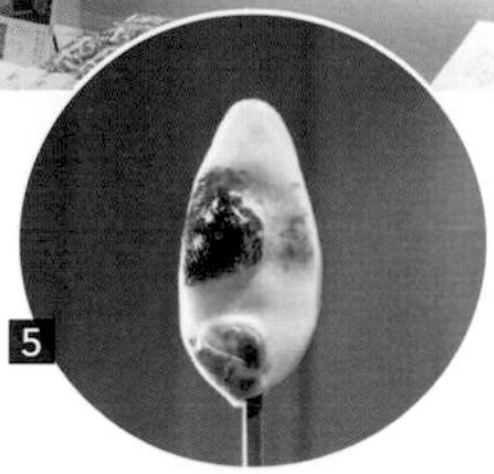

1. 鐘崎總本店外觀｜ **2.** 七夕館內的七夕裝飾｜ **3.** 可參觀職人製作魚板｜ **4.** 土產區｜ **5.** 魚板為仙台美食之一

宮城

MIYAGIKEN

喜歡仙台的人，應該都會被整個宮城縣的自然環境所吸引。若想親近大海，由南至北的鹽釜地區、松島地區、石卷地區都能享受到三陸海岸的美味海鮮及太平洋海景。

想欣賞山景兼泡湯的人，可以選擇與秋保溫泉、作並溫泉並列宮城三大溫泉的鳴子溫泉鄉；想探索更鄉下的生活，七之宿地區就像是宮城的祕密花園般，等著旅人去探險。前文介紹的仙台散策景點可定位成仙台人週末的踏青景點，而「宮城山海之旅」就是仙台人的近郊小旅遊，建議在仙台玩個幾天後，再挑個本篇章的周遊路線住上1~2晚，悠哉地體驗當地人的旅行滋味。

宮城縣重要的山脈藏王山為日本百岳之一，四季都值得一訪，後面將分別介紹夏天及冬天的景色，並且會同時在宮城縣及山形縣的篇章中介紹「藏王樹冰」。

說到藏王，許多人會疑惑山形藏王與宮城藏王是同個地方嗎？日本的藏王山只有一座，但山一邊屬於宮城縣，一邊屬於山形縣，若以地名區分，「藏王町」屬宮城縣，而「藏王溫泉」則屬山形縣山形市地區，經常讓人混淆。

然而因為不能直接開車穿越山頂，所以是不能從藏王山輕易到對面的縣。有趣的是，兩縣的居民都覺得「藏王」是指自己縣的地名，宮城人講藏王就是指宮城藏王，反之亦然。安排行程時，一定要注意是哪個縣的「藏王」，以免繞冤枉路。

秋田縣
岩手縣
気仙沼市
栗原市
鳴子溫泉鄉
伊豆沼·內沼賞鳥處
登米市
大崎市
八景島
山形縣
JR東北新幹線
松島町
石巻市
東松島市
牡鹿半島
鹽釜市
多賀城市
仙台市
金華山
宮城藏王sumikawa滑雪場
(宮城藏王樹冰雪上車出發地)
藏王連峰
名取市
仙台機場
太平洋
藏王御釜觀賞處
藏王町
岩沼市
七之宿町
白石市
仙台灣
福島市
福島縣
宮城全區地圖

宮城縣交通

本章的旅遊景點幾乎都能從仙台搭乘大眾交通工具抵達，以下為從仙台站出發的車程時間，可作為行程安排的參考，更詳細的交通方式見各地區介紹。

地區／代表目的地	自駕車程（不上高速公路）	電車車程／票價	巴士車程／票價
鹽釜／本鹽釜站	28 分鐘	30 分鐘／¥330	無營運
松島／松島海岸站	30 分鐘	39 分鐘／¥420	無營運
石卷／石卷站	71 分鐘	55 分鐘／¥860	73 分鐘／¥820
鳴子溫泉鄉／鳴子溫泉站	87 分鐘	69 分鐘／¥2,400	85 分鐘／¥1,400
七之宿／町內	80 分鐘	★	★

★需搭電車再轉乘巴士。資訊如有異動，請以公告為準。

製表／邱文心

1. 鳴子溫泉車站吉祥物｜ **2.** 從宮城縣欣賞的藏王連峰景色（圖片提供／白石市・蔵王町）｜ **3.** 鳴子溫泉｜ **4.** 宮城縣藏王內有「遠刈田溫泉」，與山形的「藏王溫泉」容易混淆｜ **5.** 從宮城前往藏王山會經過「藏王 Echo Line 公路」，眼前即是藏王山脈

宮城三大絕景

御釜
Okama

絕景 NO.1

擁有日本最美火山湖之美譽

1. 御釜｜2. 每年4月冬季結束後，會開放「藏王 Echo Line 公路」，讓大家欣賞兩旁的雪壁

御釜位在藏王山頂附近，是由王刈田岳、熊野岳、五色岳所包圍的火山湖，深27.6公尺，直徑達324公尺，非常壯觀。現在看到的藍綠色湖水是經歷了26次的火山噴發而逐漸形成的，最近一次的噴發是在1895年。研究顯示湖水酸鹼值高達3.5，具有強酸性，因此無法棲息任何的生物，湖水的神祕感加上不可思議的外觀，讓許多旅人長途跋涉也要一探究竟。

⦸ 觀賞時機

御釜僅能在約4月中~11月中觀賞，而4~5月的天氣陰天多霧，最推薦的日期則在6月以後。除了氣候影響，由於御釜仍是活火山，有時候氣象局偵測到危險性時會為了安全會關閉道路，不想掃興而歸且時間充裕者，建議多準備幾個備案日，出發前再根據天氣預報判斷適合前往的日子。

貼心提醒：天氣不好時，御釜能見度非常差。

⦸ 實用網站

藏王町觀光物產協會：會公告更新當年御釜的開放日程，通常於開放前兩週左右公告。

藏王町觀光物產協會

御釜即時攝影機：在御釜開放期間內，白天會設置即時攝影機讓旅客得以判斷能見度，以決定是否成行。

御釜攝影機

★選擇御釜的連結，即時攝影機影像僅開放期間可觀看

交通方式

自駕前往是最方便的方式，若有租車，可使用車上的導航系統，輸入「蔵王エコーライン」（ざおうえこーらいん）即可從這條道路前往御釜，由於是付費道路，進入時須付¥550道路費，也可以騎機車或是騎自行車上去。

大眾交通工具則以巴士為主，但班次不多，如果要搭乘巴士，請務必查好最新時刻表再安排，這些巴士在藏王 Eco Line 的冬季道路封閉期間也會停止運行。以下介紹從4個不同JR車站前往御釜的交通方式，自行挑選。

宮城交通巴士外觀

JR 仙台站出發 〉仙台出發最省錢

營運公司：宮城交通
路線名稱：「村田・藏王・遠刈田－仙台」及「白石遠刈田線・藏王 Eco Line 線」
車程：約 2 小時 15 分鐘（單程，須轉乘巴士一次）
車資：單程 ¥2,200
路線：分成兩段
第一段　仙台 33 號巴士亭→ ActiveResorts 宮城藏王前轉乘
第二段　ActiveResorts 宮城藏王前→藏王刈田山頂（現不前往刈田山頂）
班次：週末、假日及黃金週運行，一天兩班
第一段自仙台站出發時刻表：
www.miyakou.co.jp/cms/express/desc/43
第二段「ActiveResorts 宮城藏王」出發時刻表：
www.miyakou.co.jp/cp/zao（點選頁面右方或下方「時刻表」）

JR 上山（かみのやま）溫泉站出發 〉車站免費接送

營運公司：藏王 Lizaworld
路線名稱：免費接駁車 Greeneco 號
車程：1 小時
車資：免費
路線：上山溫泉站前交番前→刈田駐車場
班次：每日運行，一天兩班
注意事項：從山形新幹線的上山溫泉站可搭乘免費接駁車前往，但抵達最近的「刈田駐車場」後要先徒步 4 分鐘，才能搭乘纜車前往御釜（纜車約 7 分鐘），纜車費用為來回 ¥750（單程 ¥450）
接駁車時刻表：
www.zaoliza.co.jp/smmr/access
纜車官網：
www.zaoliza.co.jp/smmr/trekking/kattalift.html

JR 白石藏王站 〉經由溫泉街

營運公司：宮城交通
路線名稱：白石遠刈田線・藏王 Eco Line 線
車程：1 小時 50 分鐘
車資：單程 ¥1,960
路線：白石藏王站→藏王刈田山頂
班次：週末、假日及黃金週每日運行，一天兩班
時刻表：www.miyakou.co.jp/cp/zao（點選頁面右方或下方「時刻表」）

JR 山形站出發 〉每日運行

營運公司：山交巴士
路線名稱：刈田山頂線
車程：1 小時 40 分鐘
車資：單程 ¥2,050
路線：山形站前→藏王刈田山頂
班次：每日一班
時刻表：www.yamakobus.co.jp/rosenbus/jikoku/frame/zao-onsen.html

★資訊如有異動，請以公告為準。

製表／邱文心

宮城藏王樹冰

Zao Juhyo

絕景 NO.2

搭乘雪上車，近距離賞嚴冬奇景

進入冬季後，藏王山氣溫降至攝氏負5度，這時附在大白時冷杉（*Abies mariesii*）上的水蒸氣會結凍成雪，一層又一層慢慢向外包裹、不需要綠油油的樹葉，也能讓樹枝看起來越來越茁壯；亦不需要任何的人工設備，就能長成一座座被稱作「雪怪」的樹冰。「宮城藏王sumikawa滑雪場」在冬季時除了可以滑雪以外，還提供大眾可搭乘的「雪上車」，登到山頂，便能親眼看美麗的樹冰，也能觸摸，並與樹冰拍下合照。

貼心提醒：山頂氣溫非常低，務必要做好保暖裝備，防滑長靴可以免費租借，手套及毛帽等保暖用品須自備。

⊘ 觀賞時機

若想觀察最佳的樹冰狀態，必須選一個前一天下雪，而當天是晴朗的日子，但天氣非常難預測，若行程無法彈性安排時，就只能靠運氣。有時候可能只需要一晚的大量積雪就能形成美麗的樹冰，但也可能經歷一個下午的狂風暴雨，又讓樹冰被破壞，然而，大自然的變化多端也是樹冰旅程中的趣味之一。

⊘ 雪上車資訊

http www.zao-sumikawa.jp/winter/juhyo

1

3

2

宮城藏王 sumikawa 滑雪場（みやぎ蔵王すみかわスノーパーク）

022-485-3055（須事前預約）

12～3月（依每年雪況不同可能更動），每天 11:00 及 13:30 發車（提前30分鐘集合），全程2小時

¥5,000、¥6,000、¥7,000（價格依時期不同，可加價 ¥3,000 搭高級雪上車，特色是座位舒適並附茶水、小禮物等）

交通方式

雖然可以自駕前往，但前往山上的雪地非常滑且是上坡地，一定要再三小心，除了必備的雪胎以外，也建議上雪鏈才夠安全，寧可早一點出發，多預留一點交通時間，才不會趕不上雪上車發車時間。以下介紹搭乘大眾交通工具的方式。

仙台站出發

方法一：僅限已預約雪上車旅客，可於仙台站東口搭乘直達來回接駁車（車資 ¥2,000，須事前預約）。

方法二：其他旅客，可在仙台站西口33號巴士亭搭「宮城交通」巴士至「遠刈田溫泉」（車資 ¥1,250），再轉乘滑雪場的免費接駁車（須事前預約）。

宮城交通遠刈田線時刻表：

遠刈田線時刻表

免費接駁車資訊（含時刻表）：

免費接駁車

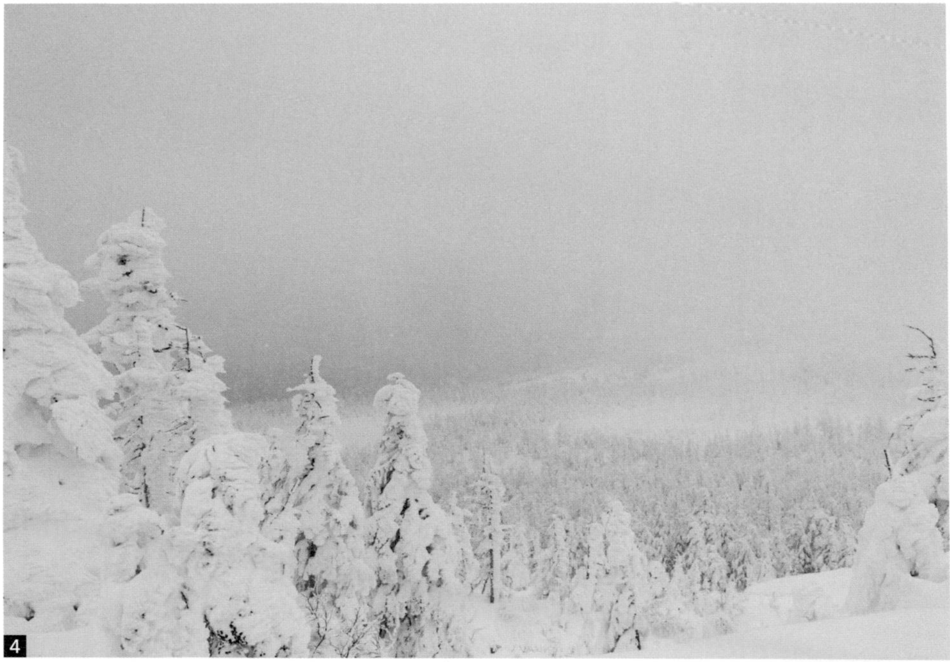

4

1. 可以免費租借長靴，記得一定要帶手套及帽子｜ **2.** 可以直接觸摸樹冰是宮城藏王的最大魅力｜ **3.** 宮城藏王 sumikawa 滑雪場是在地人滑雪好選擇｜ **4.** 魄力驚人的樹冰景色

1

絕景NO.3

伊豆沼、內沼欣賞白額雁

10萬隻白額雁，響亮宮城北部

位在宮城北部橫跨栗原市及登米市的伊豆沼，以及附近的長沼、內沼，到了冬天，會迎來一批從西伯利亞來的的貴賓，就是飛越了3,000多公里，停留在此越冬的白額雁。來到日本的白額雁有八成都聚集在宮城北部，約有10萬隻，在早上一同起飛的景色甚是壯觀，而飛翔時發出的聲音更是響亮了整片天空，數萬隻白額雁發出的美妙且氣勢恢弘的叫聲，被日本環境省認定為「日本百選音風景」。

伊豆沼最大水深為1.6公尺，由於湖沼不深，繁殖了許多水生植物，且在冬季不會結凍，對白額雁來說是很珍貴的越冬地。早上白額雁會從湖沼飛到附近水田覓食，到了傍晚再飛回湖沼休息。因此日出及傍晚是觀察白額雁飛翔最好的時間點。

⊘ 觀賞技巧與行程安排

想拍攝到滿天的白額雁，正確的時間及地點非常重要，就算沒有專業的攝影器材，也一定要用雙眼記錄震撼的一刻。10～12月是白額雁的越冬時期，建議選在伊豆沼的北部及西部的地方觀賞（請參考地圖P.79）。

推薦的行程是先在中午左右抵達附近，在日落時觀察回來的白額雁，於附近住宿一晚後，隔天一早再觀察起飛的樣子。白額雁晚上回巢時約在日落後20～30分鐘，而早上起飛時約日出前20～30分鐘，每天的日出時間可上網查詢，而候鳥的起飛、回巢時間有可能會有誤差，建議比預計時間早30分鐘去等待比較保險。

貼心提醒：長時間的等待會讓身體冷卻，加上冬季日出前的氣溫可能下降到攝氏0度以下，一定要做好保暖才不會著涼。

⊘ 交通方式

伊豆沼附近沒有公共交通工具，僅能靠自駕前往，距離伊豆沼最近的車站有兩個，分別為JR新幹線「KURIHARA 高原」及JR東北本線「新田」，由於新田站附近沒有租車行，若要在當地租車移動，建議搭新幹線至「KURIHARA 高原」，從仙台搭乘新幹線30分即能抵達此站。

1. 夕陽美景｜2. 起飛時的景色令人震懾｜3. 日出景色

V字型飛行

候鳥通常會以V字型的隊形飛翔，原因是可以減輕受到的阻力，前頭的鳥沒有阻力最輕鬆，而後面的鳥要順著同伴的上升氣流滑翔才能省力。在觀察白額雁飛翔時，也能目睹到許多一隊又一隊的V字型候鳥群喔。

V字型飛行

美景美食一應俱全，解鎖日本三景

松島周遊推薦

Matsushima

松島並非指一座島，而是泛指松島灣上的約260座小島行程的島群景色，並與廣島的宮島、京都的天立橋並列為「日本三景」。日本俳聖松尾芭蕉在《奧之細道》中也對松島的海灣景色絕讚不已。除了沿著海岸散步，也能搭觀光遊覽船在海上欣賞，或是散步到雄島或福浦島，用更多角度去感受松島的魅力，沿途也有許多餐廳、小吃等店家，建議至少花上半天的時間在松島慢慢逛，住宿松島上的溫泉旅館，利用一晚的時間觀賞松島夜景也是一大享受。

⌛ 2小時

松島周遊推薦景點

三種欣賞松島景色的方式

❶ 從本州岸上：五大堂

沿著松島海岸散步享受松島景色，是最方便又省錢的方式，其中推薦到由伊達政宗所建造、國寶瑞巖寺的分社「五大堂」上觀看松島灣的群島，不但免費、離車站也近，CP值非常高。

1. 五大堂入口｜2. 五大堂看出去的景色

從福浦島看出去的景色

❷ 從島上：福浦島

距離松島海岸站徒步約10分鐘可抵達福浦橋的入口，要走到福浦島得付過橋費¥200。福浦島擁有許多自然植物景觀，現為縣立自然植物園，約30分鐘可走完島內一圈，可悠閒遊賞。

❸ 從海上：觀光船

從海上用不同角度欣賞松島群島也是新鮮的體驗。若不想太花體力徒步，可選擇「周遊觀光船」繞行松島灣，目前提供給自由行旅客的遊覽船為「仁王丸」，約50分鐘繞行仁王島、鐘島、千貫島、雄島、雙子島等，座位舒適，站著吹海風也很棒。

仁王丸

- http www.matsushima.or.jp
- ✉ 乘船處：宮城縣宮城郡松島町松島字町內85
- $ 1,500(事前在網路預約只要¥1,400)
- ➡ 從JR「松島海岸」站出口左轉沿著路走300公尺

資訊案內所

如何從仙台前往松島

前往松島要搭JR仙石線至「松島海岸」站，JR東北本線也有「松島」站，但離主要景點都太遠，因此建議搭到「松島海岸」站才方便。

仙石線搭乘小技巧

仙台站的票閘口離仙石線月台有點遠，若以仙台站為起站搭乘，建議在發車前10分鐘抵達車站才不會太匆忙。但比起從仙台站搭仙石線，更推薦從仙石線的起站「青葉通」(あおば通)站搭乘才容易有位置坐，乘車也較舒適，從仙台站B1徒步約10分鐘可以直通青葉通站。

1. 松島海岸站｜2. 青葉通站月台，這裡是仙石線的起點站

雄島

Oshima

鬧中取靜的靈氣之處

松島可說是宮城數一數二的熱門觀光地，但還是有不會人擠人的祕境，像是與主要景點有點距離的雄島，就是適合漫步的好地方。雄島曾是僧侶修行的場所，因此也被稱作「靈場松島」，面積不大，可一邊賞松島灣，一邊享受島上獨特的幽靜氣息，是讓人想久待的場所。

從松島海岸站出站後往右邊走，這時可能與大部分的人潮反方向，但不用擔心，雄島因為還算冷門，所以沒多太多觀光客。約徒步5分鐘就能抵達雄島入口（免費），會先走過一座「渡月橋」，這橋也被稱為「斷緣橋」，理由是過去在雄島修行的人必須要斷絕外界的連結，因此連結島的橋被冠上這樣的稱號，也許可以把它想成進入另一個氣場的道路，走過這個橋，就能得到新的靈氣。

雄島南北200公尺，東西40公尺，面積不大卻怡然自得

- JR「松島海岸」站，出站往右走約5分鐘
- 15分鐘

圓通院

Entsuuin

松島推薦賞楓處

圓通院屬於臨濟宗妙心寺派，也是伊達政宗孫子伊達光宗的靈廟「三慧殿」所在地。在圓通院，美麗的庭園是令人佇足的最大魅力，到了秋天，色彩繽紛的楓葉染紅遍地，除了白天可以欣賞以外，晚上的楓葉點燈活動更不能錯過，點燈期間有現場演奏，搭配夜楓顯得更為浪漫。

圓通院夜楓（圖片提供／（一社）松島觀光協會）

圓通院秋季楓葉點燈

- 宮城縣宮城郡松島町松島町內67
- 10月中旬～11月中旬 17:30～21:00（20:30最後入場）
- 30分鐘
- 參拜費￥570，夜間點燈時段須另購票，價格請參照當年活動頁面
- 白天與晚上參拜門票需分開購買

牡蠣（かき）

松島美食重頭戲！

說到松島，不得不提到牡蠣！有世界三大漁場之稱的宮城縣，牡蠣的養殖量近年占日本前三，而松島地區就是宮城縣最先發現牡蠣的地方（在松島灣的野野島附近）。到了冬天，可能有人覺得松島景點稍嫌不足，但11~3月是牡蠣的最佳賞味期，特地到松島吃一顆美味多汁的牡蠣都令人滿足！

1. KOUHA 站前 1 號店的牡蠣
2. 松島魚市場也有一般的海鮮套餐
3. 圓滿亭的海鮮拉麵

かき松島こうは

松島站前1號店

推薦①

距離松島海岸車站徒步20秒即達的牡蠣專賣店「こうは」(Kouha)，店內有座位，也可以外帶，一年四季都有販賣牡蠣。以「顆」為單位販賣，是稍微填一下飢餓肚子的好選擇，有生食、火烤、炙燒三種料理方式可以選。

http www.kakikouha.com
宮城縣宮城郡松島町松島浪打浜10-11
022-353-3588
12:00～15:00
休 不定休

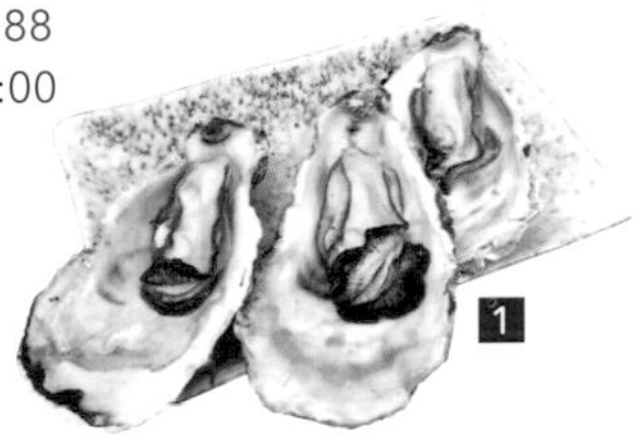

1

松島焼がきハウス

推薦②

如果幾顆牡蠣吃不飽，可以前往距離松島海岸車站徒步10分鐘的松島魚市場，這裡有間「烤牡蠣House」，可以選擇烤牡蠣吃到飽方案，45分鐘¥3,300，也是整年都吃得到，另外也有提供一般的牡蠣套餐。

http www.sakana-ichiba.co.jp/eat/house
宮城縣宮城郡松島町松島字普賢堂 4-10
012-050-2318
08:30～16:00(最後點餐 15:00)
休 不定休

2

えんまん亭

推薦③

如果是自駕，推薦可以到稍微遠一點的「圓滿亭」。圓滿亭以拉麵為主，到了冬天10月中旬~3月中旬才會提供牡蠣拉麵，平常最有人氣的菜單是海鮮拉麵，在拉麵上放著大大的螃蟹，以及幾顆蚵仔，嫌螃蟹太大沒關係，店員會用專屬工具幫忙剝，將蟹肉一絲都不漏地挖出來，如此有誠意的服務加上美味豐富的料理，成了當地小有名氣的拉麵店。

宮城縣東松島市野蒜北赤崎 8-4
080-5579-3769
10:30～19:00
休 週三
從 JR 東北本線「東名」站徒步 15 分鐘

3

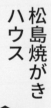

歷史文化不缺席，散步港都好愜意

鹽釜周遊推薦

Shiogama

鹽釜大約位於仙台及松島的中間，是個歷史悠久的港灣城市，從平安時代就開始發展製鹽產業。海產是這個城市重要的財產，在漁業之外，海產加工業也非常發達，包含仙台名物「竹葉魚板」也是源自於鹽釜。鹽釜市適合當作前往松島前的順道景點，或是早上先逛松島，下午再安排鹽釜行程，各景點的距離車站都不遠，是個適合徒步悠哉閒逛的港都。

鹽釜港灣

資訊案內所

如何從仙台前往鹽釜

前往鹽釜要搭 JR 仙石線至「本鹽釜」站，也可從 JR 東北本線搭到「鹽釜」站，可依照行程安排，再來決定一開始的目的地車站。

鹽釜周遊推薦景點

鹽釜神社

Shiogama Jinja

東北陸奧國
一之宮

鹽釜神社有鎮守東北的陸奧國一之宮之稱（一之宮指該領域最高位階的神社），創社年分已不可考，是一座從平安時代就被朝廷、庶民愛戴的古老神社，也是日本全國110座鹽釜神社的總社。神社守護神為「鹽土老翁神」，傳說當年「武甕槌神」和「經津主神」平息紛亂、引導鹽土老翁神後便飛回天上，鹽土老翁神則留在當地教導居民製鹽、捕魚，為鹽釜開啟製鹽的歷史。從JR本鹽釜站往神社方向會分別經過「東參道」、「七曲坂」、「表參道」等三個入口，東參道是最平緩好走的路，七曲坂其次，如果體力許可，推薦走表參道進去，表參道共有202個階梯，也被稱為「男坂」，雖然樓梯又長又陡，但努力行走上去後，可以從鹽府神社看到美麗的松島灣，享受努力後苦盡甘來的成就感。

若是從東參道爬上去，第一個看到的不是鹽釜神社，而是「志波彥神社」。志波彥神社祭拜的是守護農業、產業發展的神，神社原本建在仙台，但隨著都市化發展，土地被越縮越小，1874年就搬到是鹽釜神社旁邊，讓來訪者能一次參拜兩個神社。

在日本，鹽釜市的正式地名為「塩竈」，但「竈」筆劃太多，因此「塩釜」的寫法也被官方承認，而「鹽」字只有鹽釜神社（鹽竈神社）使用，無論是哪種寫法，日文一律念作「SHIOGAMA」。本書中統一使用「鹽釜」作為翻譯地名。

1. 202 階的男坂｜ **2.** 現在的看到社殿是伊達藩第五代藩主伊達吉村所創立｜ **3.** 鹽釜神社的「撫牛」，據說摸了會讓生意興隆

- http www.shiogamajinja.jp
- 宮城縣鹽釜市一森山 1-1
- 022-367-1611
- 每日 05:00～20:00，服務台為 09:00～16:30
- 免費
- JR 仙石線「本鹽釜」站徒步 7 分鐘至東參道入口，10 分鐘至七曲坂入口，15 分鐘至表參道入口
- 40 分鐘

マリンゲート鹽釜

Marine Gate Shiogama

出發前往松島灣

1. マリンゲート鹽釜與周邊港灣景色｜2. 迴鮮寿司鹽釜港外觀｜3. 海嘯避難甲板

マリンゲート鹽釜是鹽釜船進出的港口，除了商業船以外，也有觀光船提供旅客搭乘。有兩間公司在鹽釜港經營觀光船，分別為前往松島海岸的「丸文松島汽船」，以及在松島灣各個小島（俗稱浦戶諸島）停靠的「鹽釜市營汽船」，要注意的是，這兩條路線並非繞回原點的遊覽船，所以如果想回鹽釜的話，要記得購買來回船票。

マリンゲート鹽釜內還有餐廳及土產區，在2樓的涼亭也能吹著海風欣賞港灣，不搭船也很推薦來這裡散步，欣賞鹽釜灣之美。

- http www.shiogama.co.jp/marinegate
- ✉ 宮城縣鹽釜市港町 1-4-1
- ☎ 022-361-1500
- ◷ 每日公共區域 06:30～22:00，土產區 09:00～16:00，餐廳 11:00～22:00
- ➡ JR 仙石線「本鹽釜」站徒步 10 分鐘
- ⧗ 20 分鐘

★**丸文松島汽船：**www.marubun-kisen.com

★**鹽釜市營汽船：**www.city.shiogama.miyagi.jp/site/urato/6909.html

迴鮮寿司鹽釜港

Kaisenzushi Shiogamako

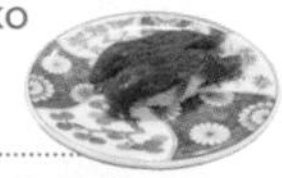

港都的品質保證

鹽釜港是宮城海產的主要來源之一，街上壽司店很多，其實鹽釜是日本壽司店最密集的城市，而這間迴轉壽司是當地人喜愛的高CP值名店。菜單種類超過50種，主要使用鹽釜港的新鮮漁獲，招牌壽司為生鮪魚，一貫只要¥150，雖然跟一般迴轉壽司價格差不多，味道卻媲美高級壽司店，厚度適中、肉質柔軟又新鮮，作為海港旁的壽司店當之無愧。

- http tabelog.com/miyagi/A0404/A040404/4003018
- ✉ 宮城縣鹽釜市野田 18-1
- ☎ 022-367-3838
- ◷ 每日11:00～20:30(最後點餐 20:00)
- $ 壽司一貫 ¥150 起
- ➡ JR 東北本線「鹽釜」站徒步 5 分鐘

海嘯避難甲板

マリンゲート鹽釜及旁邊的AEON百貨連結著一座天橋，是在311東日本大震災發生後，為了居民與對當地地理環境不熟悉的觀光客，在災害發生時也能順利避難而建立，全長372公尺，高5公尺，也被稱作「海嘯避難甲板」。

Gelateria Fruits Laboratory

水果老鋪起家的義式冰淇淋店

50年水果老店「渡邊果實店」同時經營的義式冰淇淋，善用經營水果店的優勢，從水果處理到冰淇淋的製作都一手包辦，冰淇淋口味超過15種。店家處理水果時，會適度留下果皮或果肉，讓冰淇淋口感更豐富，而除了水果的酸與甜，還使用了在地藻鹽製作「藻鹽冰淇淋」，藻鹽自然融入冰淇淋的口感，讓人吃了還想再吃。

冰淇淋店的亮眼黃色外觀

http www.fruitslaboratory.com
宮城縣鹽釜市本町 3-5
022-349-4952
10:00～18:00
休 週一（遇國定假日延至隔日）
$ 單球 ¥380 起
JR 仙石線「本鹽釜」站徒步 5 分鐘

鹽釜的藻鹽

鹽釜在地品牌，承襲「鹽土老翁神」的製鹽方法，過濾潮水的馬尾藻，熬煮10小時以上並靜置一天，最後只要天氣及濃度合適，就會自然產生「結晶」，再用鹹水熬煮一天則形成「藻鹽」。「鹽釜的藻鹽」為登錄商標，有確實採用此鹽的地方都會擺放認證的牌子，本頁的兩家店都是使用這種鹽的店家。

CLEAU-VENTERRE

以藻鹽巧克力聞名

位在Gelateria Fruits Laboratory對面的巧克力店。老板曾在德、法磨練技術，並在仙台開過甜點店，認為巧克力是對人體非常健康的點心，而決心開一間專門店，他在尋找製作甜點必須使用的「鹽」時，找遍全日本，最終與「鹽釜的藻鹽」相遇，並在鹽釜開始了這間巧克力專賣店，「藻鹽巧克力」也成了最佳招牌。推薦吃完義式冰淇淋後，再到這裡買盒巧克力回去當點心，為鹽釜旅行作個完美的結尾。

http cevt-chocolat.com
宮城縣鹽釜市本町 6-4
022-781-8301
09:30～18:00
休 週四與每月第一、三個週日
$ 藻鹽巧克力 ¥310
JR 仙石線「本鹽釜」站徒步 5 分鐘

1.CLEAUVENTERRE 帶點 Tiffany 藍的漂亮店面 | 2. 藻鹽巧克力

仙台 宮城 山形 福島

鹽釜附近的順遊景點

JR仙石線：多賀城站

Tagajo Eki

前面介紹的松島、鹽釜、石卷都為在JR仙石線上，而其實這條路線上的「多賀城」站還有兩個大景點值得一提，作為順遊景點或旅遊備案都是不錯的選擇！

多賀城站地圖

1. 多賀城站｜2. 工廠製酒處，導覽路線可能因時節不同有所調整（圖片提供／KIRIN啤酒仙台工廠）

KIRIN 啤酒仙台工廠

參觀啤酒工廠只要 ¥500

日本啤酒大廠KIRIN在國內有12個工廠提供參觀服務，其中仙台廠是東北唯一提供參觀的工廠，導覽費僅須¥500，19歲以下免費，非常划算。在沒有額滿的情況下可當天臨時參加，但建議還是事前以電話或網路預約較為保險。

工廠的導覽行程包括介紹啤酒製造過程、試吃啤酒原料麥芽，並實際觀察工廠運作、封裝等幕後祕辛。最後則是啤酒試喝時間，試喝時間為25分鐘，可以品嘗比較KIRIN的各種啤酒。要注意的是，日本法律規定20歲以上才能飲酒，試喝也無法提供給19歲以下的人。

如何預約

1. 進入KIRIN仙台工廠官方網站的預約頁面。
http www.KIRIN.co.jp/entertainment/factory/sendai
2. 點選預約日期，可於3個月前至前1日預約。
3. 點選預約時間，可參考電車及接駁巴士時間調整。
4. 輸入姓名片假名，並輸入聯絡方式及人數，2~9人可預約，

KIRIN 預約網站

1. 試喝不同口味的 KIRIN 啤酒（圖片提供／KIRIN 啤酒仙台工廠）｜ 2. 別忘了喝一杯仙台工廠製造的仙台 KIRIN 啤酒

1人或10人以上須電話預約。

★名字轉換平假名可參考：namehenkan.com/tw

❺ 選擇交通方式。搭乘接駁車選「送迎バス」，自駕選「マイカー」，計程車選「タクシー」。

❻ 來場次數的部分，若第一次參加，則選右邊的「はい」。

❼ 點選下一頁「確認画面」，內容確認後點擊「申し込む」即完成預約。

貼心提醒：預約完成會有一組預約號碼及密碼，若要取消可點選預約網站的右上方「予約の確認・キャンセル」後輸入姓名及預約號碼即可取消預約。網路預約不可修改內容，若要更改人數或日期，請先取消再重新預約。

KIRIN 接駁車時刻表

http www.KIRIN.co.jp/entertainment/factory/sendai
✉ 仙台市宮城野區港 2-2-1
☎ 預約導覽 022-254-2992，餐廳 022-387-7811
🕒 週二～日 09:00～16:40
導覽從 09:30～15:30，全程 70 分鐘
休 週一，年始年末，國定假日隔日
➡ JR「多賀城」站出站往右走，搭乘接駁巴士（導覽日皆運行） ⌛ 90 分鐘

多賀城圖書館
Tagajo City Library

車站旁的文化交流設施

多賀城圖書館是日本第三間「TSUTAYA 圖書館」，由被譽為日本第一美的書店「蔦屋書店」的經營集團所管理。

圖書館結合蔦屋書店及星巴克，在星巴克購買的飲料可帶到館內飲用。在這裡，無論是購書前的試閱，或是圖書館內的閱覽都沒問題。逛完啤酒工廠後回到車站時，不妨來逛一下這個簡約又時尚的空間吧！

http tagajo.city-library.jp/library
✉ 多賀城市中央 2-4-3 多賀城駅北大樓 A 棟
☎ 022-368-6226
🕒 每日 09:00～21:30
➡ 從多賀城站北口出來即可抵達
⌛ 30 分鐘
📷 內部不可拍照

圖書館外觀

走在復興路上的漫畫之都

石卷周遊推薦

Ishinomaki

位在宮城縣北部的石卷，人口約14萬2千多人，是宮城縣的第二大城。石卷海域的「三陸・金華山沖」為谷灣地形，孕育出美味海鮮，更名列世界三大漁場，宮城許多餐廳都是從這裡買進漁貨。然而，在311東日本大地震時，石卷受到強大的海嘯衝擊，成了震災中死傷最多的城市，雖然一時間「震災」彷彿取代了過去石卷引以為傲的各種關鍵字，但石卷人從未放棄，面對天災的傷害，正努力以「復興」取代「震災」，創造城市的新氣象。

仙台到石卷約1小時，適合安排一整天的旅遊，但石卷除了市區以外，還有牡鹿半島、田代島等離島也很適合觀光，田代島又稱貓島，是貓奴不可錯過朝聖之地，因此也推薦安排第一天在市區遊覽景點，接著第二天前往離島遊玩的兩天一夜行程。

石卷市內到處都有石之森章太郎作品角色的雕像或肖像，就連站前派出所也畫上了《機器刑事》主角 K 的畫像

資訊案內所

如何從仙台前往石卷

可搭電車或巴士。電車搭 JR 仙石線至「石卷」站，但仙石線不一定每班都會抵達石卷，切記要搭乘時刻表上標記著前往「石卷」的班次。巴士搭乘地點在仙台站西口 21 號巴士亭，搭「宮城交通」約 73 分鐘，不須預約，車資 ¥820。

宮城交通巴士時刻表

石卷周遊推薦景點

石之森萬畫館

Mangattan Museum

假面騎士的故鄉

1

從石巻站出站後，映入眼簾的是滿滿的雕像，包括水溝蓋圖案、郵筒等，上面都有著漫畫家石之森章太郎作品中的角色，其中最著名的作品就是《假面騎士》。石之森萬畫館珍藏著作者珍貴的原畫、各種角色的雕像，還有獨家上映其他地方看不到的原創動畫。

石之森章太郎出生於石巻市旁的登米市，因為登米市沒有電影院，從小他就常騎自行車到石巻看電影，也因此對這裡懷著深厚的情感。1995 年，石之森章太郎答應了石巻市將石巻打造成漫畫之都的邀請，並開始發想石之森萬畫館的設計，之所以取名為與「漫畫」(Manga) 同音的「萬畫」，是來自石之森章太郎的「萬畫宣言」，他認為漫畫可以表現從一到無限大，富含無數可能性，同時也是個得以受到萬人愛戴的媒介，他也稱自己為「萬畫家」。

在構想石之森萬畫館時，石之森章太郎就曾提過希望這裡不是他專屬的紀念館，而是能將漫畫的精神傳承下去的教育、交流場所。雖然場館無法在石之森章太郎有生之年落成，卻也不辜負他生前的努力，現在館內設有交流場所、漫畫體驗區，也經常與其他漫畫家合作舉辦特別展等，延續石之森章太郎的理念，讓漫畫文化更親近市民。

2

3

4

1. 萬畫館形狀宛如宇宙船，發想者就是石之森章太郎｜ 2. 服務台設計也很吸睛｜ 3. 假面騎士 1 號｜ 4. 假面騎士 V3
(1.2. 圖片提供／石巻市)

- http www.mangattan.jp/manga
- ✉ 宮城縣石巻市中瀨 2-7
- ☎ 022-596-5055
- ⏲ 09:00～18:00(12～2月至17:00)，售票至閉館前 30 分鐘
- 休 每月第三個週二（12～2 月為每週二），遇國定假日則延至隔日
- $ 成人 ¥900、國高中生 ¥600、小學生 ¥250
- ➡ 從 JR「石巻」站徒步 15 分鐘
- ⌛ 1 小時

日和山公園

Hiyoriyama Koen

眺望石卷市景

日和山也是賞櫻名處，適合春天來訪（圖片提供／石卷市）

日和山公園位在標高63.1公尺的小山丘上，能夠一望石卷市景，天氣好的時候還看得到松島、藏王山等地，是石卷市民的重要休憩場所，同時也是海嘯來臨時的避難場所。

311東日本大震災時，高海拔的日和山公園拯救了許多居民，但是，前來避難的人，也在這個高台眼睜睜看著自己的家園被沖走，對市民來說，日和山公園雖然拯救了自己的性命，卻也留下了殘酷的回憶。

如今，在日和山公園看到的石卷市區，無論是日間的街景，還是晚上的夜景，都能感受到石卷的復興一刻都未曾停歇，展望台大鳥居，也默默陪著居民一起見證這段瞬間從有到無，又慢慢地再從無到有的歷史。

- bit.ly/2RiHYdL
- 宮城縣石卷市日和が丘2
- 022-595-1111
- 24小時
- JR「石卷」站徒步20分鐘
- 20分鐘

舊觀慶丸商店

Kyukankeimaru

石卷市
有形文化財

舊觀慶丸商店是石卷第一間百貨店，之後改建成陶器店經營了80年，是石卷人熟悉的風景，原本的觀慶丸商店現在已移至別處，於2013年將建築物捐給石卷市，並在2015年被指定為石卷市有形文化財。其最大的特色是，雖然為木造建築，卻使用了花磚裝飾外牆，華麗的洋風設計格外顯眼。

舊觀慶丸商店目前由一般民間團體管理，1樓為租借空間，作為文化活動使用，2樓為資料展示區，分成4個主題：觀慶丸商店的歷史、石卷市有名的收藏家毛利總七郎的故事、石卷歷史文化介紹，與石卷民俗文化影音區。平時2樓可以自由進出、免費參觀。

外牆有各式圖案的磁磚

- bit.ly/3bY6o4o
- 宮城縣石卷市中央3-6-9
- 022-594-0191
- 09:00～17:00
- 週二（遇國定假日則延至隔日），12/29～1/3
- 2樓的常設展參觀免費（1樓依展覽內容可能收費）
- JR「石卷」站徒步10分鐘
- 20分鐘

元氣市場
Genki Ichiba

到市場找尋
石卷美食與土產

元氣市場是在經過震災6年後開幕的復興據點，有免費的停車場、明亮的室內空間，以及豐富的商品，氣氛就如同它的名字，是個為當地帶來滿滿元氣的市場。1樓有麵包和新鮮海產，想購買當地土產，也可在此一次購足。2樓的用餐區有設置陽台座位，可以邊欣賞港口景色，邊享受石卷的海鮮料理。

⦸ 元氣市場推薦土產

伊達美味鹽 (Dateno Umajio)

在石卷的牡蠣養殖場「萬石浦親潮海域」所製作的海鹽，經過兩天的平釜熬煮，製成的鹽順口又營養，能引出魚、肉極致的香味。伊達美味鹽由三人家庭每天手作製成，是個偶爾會缺貨的人氣商品。

烤海苔昆布 (Yakinoritororo)

於石卷製造，是細條狀的昆布與烤海苔混合的商品，可以加入味噌湯或拉麵，還有一種吃法是直接放在白飯上，配上奶油一起吃。

茶巾 (Chakin)

茶巾是石卷有名的日式點心，薄薄的麥粉皮包著紅豆泥。形狀跟京都有名的「八橋」類似，但皮比八橋稍微厚一點，嘗起來很有嚼勁。由於這種傳統日式點心都是手作，很難找到繼承人，加上發生震災，能存活下來的店越來越少，而在元氣市場販賣的茶巾，便是由當地少數的茶巾店家「加藤菓子店」所製作。

http genki-ishinomaki.com
✉ 宮城縣石卷市中央 2-11-11
☎ 022-598-5539
🕘 土產區 09:00～18:00，餐廳平日 11:00～15:00、假日 11:00～18:00
➡ JR「石卷」站徒步 10 分鐘

1. 當地特色土產販售區 | **2.** 伊達鹽 | **3.** 烤海苔昆布 | **4.** 茶巾 | **5.** 市場開放感的設計，展現石卷新氣象

富喜壽司
Fuki Sushi

美味的
站前壽司店

來到世界三大漁場之一的石卷，一定要嘗嘗當地的壽司。富澤壽司創業超過40年，深受在地人喜愛。雖然石卷有不少高級、無菜單的壽司店，但富澤壽司為了服務外地觀光客，菜單價格標示清楚，附照片很好懂，可以安心前往，最低¥1,100就能吃到職人親手製作的壽司，當然高級食材也少不了，包括口蝦蛄、扁口魚、鯨魚肉等。假日時容易客滿，建議事前預約。

- http www.i-kanko.com/archives/422
- 宮城縣石卷市鋳銭場 8-5
- 022-596-8502
- 11:00～14:00，16:00～21:00
- 休 週一
- $ 壽司組合 ¥1,100 起
- JR「石卷」站徒步 1 分鐘

加非館
Kohikan

石卷
純咖啡喫茶店

加非館是石卷少數保留古早日式喫茶店氣氛的咖啡廳，由須藤夫婦所經營。店主是在東京受到老牌咖啡連鎖店「珈琲館」的影響，決定在家鄉開設咖啡廳，為了向「珈琲館」致敬，而將店名取作「加非館」。已逾40年的老店，加非館的懷舊風格就像是見證了近半個世紀的石卷。座位採少見的分菸制度，讓不喜歡菸味的人也能在旅途中享受一下午後時光，有提供咖啡、飲料、輕食及點心，是個男女老少都適合的休憩場所。

- http bit.ly/2V7SdTp
- 宮城縣石卷市中央 2-2-13
- 022-596-4733
- 10:00～18:00
- 休 週二
- JR「石卷」站徒步 1 分鐘

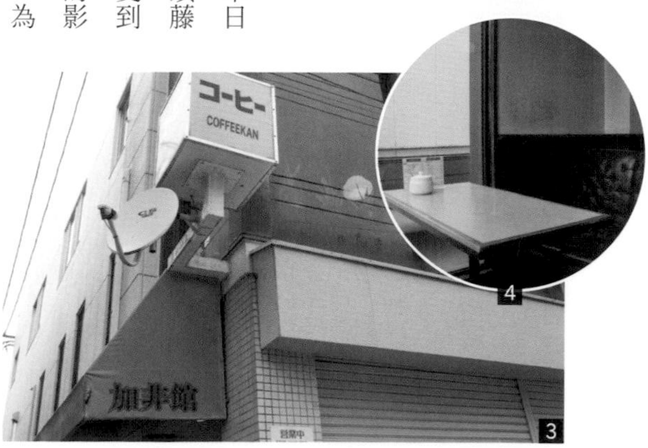

1. 店面簡單高雅｜ **2.** ¥1,100 的壽司餐｜ **3.** 加非館位在 2 樓｜ **4.** 座位舒適宜人

牡鹿半島藝術季 Reborn Art Festival

兩年一次！

牡鹿半島藝術季 Reborn-Art Festival 是以石卷為中心的藝術祭，2017 年舉辦第一屆，在那之後，每兩年舉辦一次，貫穿食物、藝術、音樂三大主題。

透過藝術家們的巧思，將在地人的記憶轉為訊息，並將在地需要被重視的議題用作品呈現，讓來訪的人也能一起思考、感受，並一同發現更多石卷的美麗。除了石卷市中心以外，大部分作品位在石卷延伸出去的牡鹿半島 (Oshika Peninsula)，全長約30公里，由於沒有大眾交通工具，開車兜風是在地人遊覽牡鹿半島的常見方式，但在藝術祭典期間可以搭官方的導覽巴士，在一日之內更有效率地逛牡鹿半島，每屆的導覽巴士方案不固定，請於當屆官網查詢。

http www.reborn-art-fes.jp

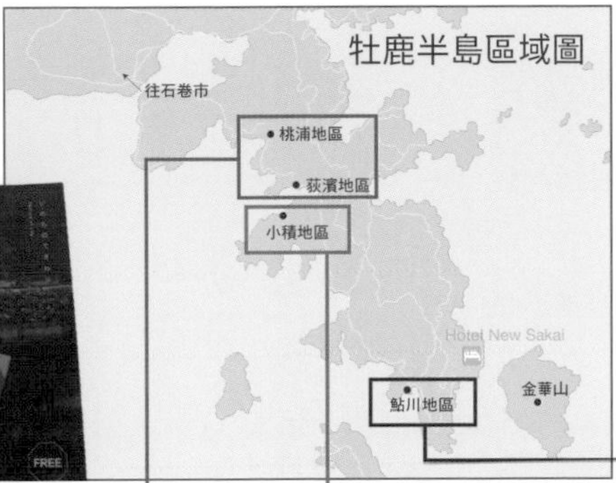

桃浦地區 荻濱地區

西北部

桃浦地區是以養育牡蠣為主的村莊，這裡的防波堤、舊荻濱小學作為展場，防波堤是震災後為了安全而建造，但卻也破壞了過去人們熟悉的風景，透過防波堤的藝術作品讓人進一步思考如何與大自然共存。而旁邊的荻濱地區擁有一片美麗的白砂，也是藝術祭代表作「白鹿」的設置處。

小積地區

中部

牡鹿半島長年因梅花鹿而損失大量農作物，因此有合法的獵鹿師及獵鹿文化，除了獵鹿以外，也會有效利用被捕殺的鹿，將鹿加工製成料理，讓人們更了解當地文化及重視獸害問題。2017 年以舉辦第一屆藝術祭為契機，在小積地區成立了鹿肉處理場「FERMENTO」，希望讓更多人品嘗牡鹿半島的鹿肉。

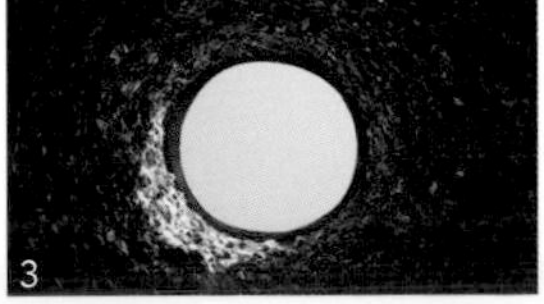

鮎川地區

南部

鮎川地區位在半島的最南端，在震災時鮎川地區深受高達 8.6 公尺的海嘯之害，現在遠望金華山海景仍然美麗，而在御番所公園可 360 度、全景感受太平洋絕景。

1. 2019 年門票｜ **2.** 藝術祭代表作《白鹿》（名和晃平作）｜ **3.**《ぽっかりあいた穴の秘密》（荻濱地區，增田セバスチャン作）｜ **4.5.** 牡鹿半島的海景

溫泉、木芥子與自然美景，都在向你招手

鳴子溫泉鄉周遊推薦

Naruko Onsen

鳴子溫泉鄉位在宮城縣北部，是個擁有超過千年歷史的溫泉鄉，由五大溫泉地組成，分別為鳴子、東鳴子、川渡、中山平與鬼首，大部分的溫泉設施都擁有自己的源泉，源泉共計約 400 個以上，除了溫泉行程以外，四季自然景觀，以及傳統工藝品木芥子（こけし）也是不可缺少的元素。其中，最推薦來鳴子溫泉鄉的季節是秋季，有知名的賞楓地鳴子峽與潟沼，如果一天來回的話，可以選擇鳴子峽及泡湯行程，如果多住一晚，也可以體驗木芥子手繪活動、遊覽更多溫泉地。

鳴子溫泉鄉周遊推薦景點

1. 鳴子溫泉站｜2. 木芥子是鳴子溫泉鄉有名的傳統手工藝品

資訊案內所

如何從仙台前往鳴子溫泉鄉

❶ 巴士：可搭乘從仙台直達的巴士，在仙台站西口 24 號巴士亭搭「宮城交通」，不須預約，車程 85 分鐘，車資 ¥1,400。

❷ 普通電車：距離鳴子溫泉鄉最近的新幹線車站為「古川」站，從仙台站出發約 12 分鐘可抵達。再從古川站轉搭 JR 陸羽東線，約 45 分鐘可抵達「鳴子溫泉」站和「中山平溫泉」站等溫泉地。

鳴子溫泉鄉內交通方式

❶ 公車：秋季有臨時巴士提供旅客在溫泉鄉內移動，可在「鳴子溫泉」站上車前往各景點。
路線名稱：鳴子峽臨時運行巴士「紅葉號」
⇒ **經過路線：**鳴子溫泉站～日本木芥子館～鳴子峽～Shintoro 溫泉～中山平溫泉站
⇒ **運行期間：**每年 10 月上旬～11 月上旬
⇒ **時刻表：**www.naruko.gr.jp/access，見「ミヤコーバス」欄位中的「紅葉号」

❷ 計程車：非秋季前往鳴子溫泉時，難免要搭計程車移動，可利用鳴子溫泉站出口的排班計程車，價格則依公告牌上的定價。

鳴子峽

Narukokyo

宮城縣數一數二
秋季賞楓絕景

約4公里長的鳴子峽V字峽谷深達八十到一百公尺、寬度最窄至10公尺。觀賞鳴子峽最佳的角度在鳴子峽Rest House(レストハウス)前的廣場。前往時會先經過「大深澤橋」，它便是鳴子峽景色中的橋梁。鳴子峽Rest House內有土產區、餐廳，推薦選在中午時段前往，順便果腹一餐，吃飽後繼續賞遊鳴子峽。除了楓葉季節，夏天的新綠也很值得一訪。

到了冬天，由於路面積雪結凍，Rest House前的道路會封閉，不開放參觀，但還是能站在「大深澤橋」觀賞鳴子峽的另一個角度，會見到JR陸羽東線的隧道與鐵路，如果算好時間，還能讓電車一起入鏡，也算是非常難得的景色。

1. 秋天的鳴子峽，大深澤橋成了畫龍點睛的存在｜ **2.** 冬季雪景雖然很美，但往鳴子峽 Rest House 會因積雪封閉，僅能在附近觀看

- http www.city.osaki.miyagi.jp，點選上方「観光」→左側「見る」→「史跡・名勝」→「鳴子峽」
- 鳴子峽 Rest House：宮城縣大崎市鳴子溫泉星沼 13-5-1
- 鳴子峽 Rest House：022-987-2050
- 24 小時，11 月下旬～ 4 月下旬可能封閉
- 在 JR 鳴子溫泉站搭乘紅葉號至「鳴子峽」站；自駕或搭計程車要設定前往「鳴子峽レストハウス」
- 30 分鐘
- 冬季積雪嚴重時會封閉附近道路，不建議於冬季前往

徒步前往鳴子峽

因為只有秋季才有從車站前往鳴子峽的巴士，所以非自駕的旅客在其他季節想造訪只能靠計程車，然而，若有時間，不妨從鳴子車站徒步走到鳴子峽，雖然要 1 小時，但沿路可以欣賞鳴子溫泉鄉的各種山脈景色，還能順道經過徘聖松尾芭蕉在《奧之細道》作品中描述的景點，尤其在夏天，慢慢閒晃不失為一種旅行的樂趣。

從車站徒步至鳴子峽的沿途風景

桜井こけし店

Sakurai Kokeshiten

跟上時代腳步的老鋪

來到鳴子溫泉地區，會發現路上隨處可見木芥子（こけし）的身影。木芥子是一種身體為圓筒長條狀的傳統工藝玩偶，最早起源江戶時期，並以東北地區最常見。關於木芥子的由來有諸多說法，有一說是由於東北地區寒冬積雪無法作農，因此人們開始鑽研木工，並製作了這種方便握住的工藝品給小孩子當玩具，然而實際由來已不可考，現在也有不少木芥子收藏家會蒐集各地特色的木芥子。

櫻井木芥子是傳承三代的木芥子老鋪，雖然職人的精神技術及理念代代相傳，但創作並非一成不變，隨著繼承人不同，也會發展出有個人特色的木芥子。在店裡，會發現陳列的木芥子雖然大多是採傳統設計工法，卻有幾個特別活潑又應景。想帶一個回家，除了可購買職人的作品，也能親自手繪創作。手繪木芥子體驗的解說單附有英文版本，不會日文也能玩得開心。

1

2

3

1. 店內一景｜ **2.** 從車站走 5 分鐘即可抵達櫻井木芥子｜ **3.** 鳴子溫泉鄉內充滿許多木芥子

東北木芥子跟其他地區的差異

木芥子大致可分成「傳統木芥子」及「創作木芥子」，東北地區的木芥子為傳統木芥子，最大特色為將頭與身體分別製作後再組合，主要發源地為宮城鳴子溫泉、宮城遠刈田溫泉，以及福島土湯溫泉。日本其他地方比較常見的是頭身一體的創作木芥子，其臉部、服裝設計也較為現代化。

http www.sakuraikokeshiten.com
宮城縣大崎市鳴子温泉湯元 26
022-987-3575
08:00～19:00
休 不定休
手繪體驗 ¥1,500
JR「鳴子溫泉」站徒步 5 分鐘
繪體驗約 60 分鐘

潟沼

Katanuma

賞楓祕境
火山口湖

潟沼為強酸性的火山口湖，湖沼為強酸性湖沼，湖沼顏色會因為季節及氣候變換，也是賞楓的好景點。雖然與鳴子峽相比知名度不高，但可以近看楓葉與湖面倒影形成的美景，魅力度不輸鳴子峽。潟沼直徑約500公尺，有時間的話，推薦沿著湖邊健行一周，欣賞各個角度的潟沼，全程20分鐘，中間還有乘涼處可以休息，是個輕鬆的散步行程。4月至11月期間還能在旁邊的餐廳租借獨木舟，在湖面上享受不一樣的潟沼之美。

潟沼一景

- http www.naruko.gr.jp/access/（交通資訊）
- ✉ 宮城県大崎市鳴子温泉湯元地内
- 🕒 春天至秋天，冬天不開放
- ➜ **春、夏：**從 JR 鳴子溫泉站搭計程車約 5 分鐘，車資約 ¥1,300
  秋：從 JR 鳴子溫泉站搭秋季限定巴士「奧之細道巡迴號」（おくのほそ道湯めぐり号）約 18 分鐘，車資 ¥400
- ⌛ 1 小時

準喫茶カガモク

Junkissa Kagamogu

充滿木芥子的
咖啡廳

木芥子為鳴子溫泉鄉的代表工藝品之一，在這間店裡可以見識到各式各樣的木芥子用具及商品，從門口、桌椅、店內擺設到餐具，都將木芥子最可愛的一面呈現出來，可以看出老闆對木芥子的喜愛。其實老闆本身就是木工職人，從建築物到店內的裝潢、擺設，都是老闆夫妻一起打造出來的，可以看出他們對木芥子的滿滿熱忱。準喫茶KAGAMOGU的招牌餐點為自製甜甜圈與自家烘焙咖啡，當然，這裡也有木芥子的身影囉！

1. 外觀｜ 2. 店內餐點還有木芥子陪伴

- http www.facebook.com/junkissakagamoku/
- ✉ 宮城縣大崎市鳴子溫泉字川渡 49
- ☎ 070-5670-7811
- 🕒 10:00 ～ 16:00
- 休 週一到週四
- ➜ 從 JR 川渡溫泉站徒步 20 分鐘

人口1300人的小鎮

七之宿周遊推薦

Shichikashuku

七之宿位於宮城縣及山形縣邊界，是宮城縣人口最少的地方，路口非常少，町內僅有一個紅路燈，且設置的理由是為了教導當地小朋友如何過馬路。此地雖不是一個繁華的城市，但擁有遠離都市塵囂的豐富大自然，可悠哉地感受四季景色的變化。除了在氣候舒適的春夏之外，最推薦在秋季楓紅的季節造訪此地，與染紅的葉子一起構成的河川、瀑布、湖泊，都呈現出七之宿最美的樣貌。冬天雖然積雪很深，但這裡的滑雪場在雪季每日營業，想避開大雪場的人潮，也可以考慮來這個小小的滑雪場體驗雪上運動。七之宿沒有電車經過，可搭乘巴士或自駕前往，建議在安排宮城藏王，或前往山形、福島旅遊時順路來賞景遊玩。

七之宿主要的賞楓景點有「滑津瀑布」、「長老湖」及「山彥吊橋」，秋天來訪必逛這三個景點，而美食除了本章介紹的咖啡廳以外，也有不少蕎麥麵店，喜歡蕎麥麵的旅人也可以留個胃在七之宿品嘗美味的蕎麥麵。

七之宿周遊推薦景點

資訊案內所

如何從仙台前往七之宿

從仙台站出發，搭 JR 東北本線至「白石」站（約 50 分鐘），或搭新幹線至「白石藏王」站（約 15 分鐘），接著轉乘七之宿町營巴士的「七之宿白石線」，約 50 分鐘即可抵達七之宿。

七之宿町營巴士時刻表

★從 JR 車站搭車，請查詢七之宿白石路線時刻表；町內移動時可搭乘七之宿街道線、七之宿長老線、關地區內線。

1. 就算不走步道，在旁邊的長椅休息也很舒服｜2. SUP 體驗

水庫沿岸長達 5 公里，在天氣晴朗時，適合在周邊兜風或散步，欣賞每個角度的七之宿湖（圖片提供／七之宿觀光課）

七之宿水庫自然休養公園

Shichikashuku Dam Shizenkyuyo Kouen

宮城人的水源

從仙台或白石前往七之宿的路上，一定會經過七之宿水庫，七之宿水庫是宮城縣最大的水庫，提供包括仙台市等7市10町的生活用水，水庫所造成的人造湖稱作「七之宿湖」，在觀光資訊上「七之宿水庫」及「七之宿湖」皆指同一個地方。在湖的北邊有個28公頃、經過整頓的親水公園「自然休養公園」，是在地人假日休憩、親子旅遊的好去處。可以在廣場運動、賞花或在湖面划船、划立槳等，園內還根據七之宿的名字，種植了77種、共7,777顆的樹木，因此也很適合賞楓。

- www.thr.mlit.go.jp/shichika/13komen/kouen.html
- 宮城縣七之宿町上野
- 022-437-2177
- 24 小時開放
- 從 JR「白石」或「白石藏王」站，搭乘七之宿町營巴士至「七ヶ宿ダム」
- 30 分鐘
- 若要使用湖面（自行攜帶 SUP 板等）需向管理所提出申請

滑津瀑布

Nametsuootaki

豐沛瀑布與滿山楓葉

滑津瀑布呈現階梯狀，因此也被稱作「二階瀑布」，寬30公尺、高10公尺，是個寬度比高度還長的瀑布，但只要水量夠豐沛，形成的水聲、濺出來的水花都聲勢十足，如果在大雨後的隔天前往，就能一瞧滑津瀑布的驚人威力。到了秋天，即便沒有磅礡的瀑布，旁邊的楓葉景色配上清澈的水流，若再吹起一陣微涼的秋風，舒適愜意極了。

- town.shichikashuku.miyagi.jp/sightseeing，點入上方「見る」→「滑津大滝」
- 宮城縣刈田郡七之宿町滝ノ上
- 022-437-2177
- 24 小時開放
- 從 JR「白石」或「白石藏王」站，搭乘七之宿町營巴士至「七ヶ宿役場」下車，轉乘「七之宿街道線」至「滑津大滝」
- 30 分鐘

秋天的滑津瀑布

長老湖・山彥吊橋

Chourouko・Yamabeko Turibashi

飽覽南藏王的山麓美景

長老湖與山彥吊橋都屬於橫川溪谷公園。在安排七之宿的旅程中，建議將長老湖作為停留最久的景點。長老湖是藏王地區以前還是活火山時，地殼變動所形成的沼，1928年為了設置發電所才將長老沼擴張成長老湖。由於被山脈包圍，湖泊在每個季節都會映照出不同顏色，尤其最推薦新綠時節及秋季到訪。可以選擇沿著湖邊約2公里的步道散步，約30分鐘能逛完一圈，慢慢欣賞各種角度的湖面景色，或是租獨木舟在湖中與朋友、情人一起划船、共享浪漫時光，如果不想走路也不想划船，就坐在湖邊的椅子吧！靜靜地看著長老湖與前方不忘山形成的景色，以及優游於清澈湖中的魚兒，也是很不錯的享受方式。

山彥吊橋與長老湖之間相距900公尺，走步道約15分鐘可抵達，沒有駕車的人可以先搭町營巴士到長老湖，逛完之後再走到山彥吊橋。從橋上除了能看到不忘山以外，也能一併欣賞高低差的橫川溪谷，吊橋長達120公尺、高20公尺，為東北最大的吊橋。

http town.shichikashuku.miyagi.jp/sightseeing，點入上方「見る」→「長老湖」、「やまびこ吊り橋」

宮城縣刈田郡七之宿町長老、上ノ平

022-437-2177

24小時開放

搭町營巴士白石線至「七之宿町役場」後，轉乘長老線至「長老湖東」

90分鐘

1. 長老湖的發電所至今仍在運轉｜2. 夏季及秋季之時可在湖上划船

Book&Cafe こらっしぇ

Book&Cafe
KORACHE

七之宿推薦美食

鄉下地方的街道通常會給人店家少、不怎麼熱鬧的印象，而這家店於 2018 年開幕後，為七之宿帶來一股新活力，結合咖啡館與餐廳，2 樓是小型圖書館。明亮寬廣的空間讓觀光客也能輕鬆到訪，菜單有西式、日式，午餐時間麵包可以吃到飽，從裝潢到餐點都不馬虎。

配合七之宿積極推廣生育政策，這家店對親子設施也不馬虎。在餐廳買的飲料可以拿到圖書館一邊享用一邊讀書，還有完善的哺乳室及兒童遊戲區，是個小孩開心、大人也安心的場所。

1. 是町民交流的地方，更是振興小鎮的據點之一 | **2.** 可在這裡租借腳踏車，分為 3 小時、5 小時、全天

- http 7kashuku.jp/book-cafe
- 宮城縣刈田郡七之宿町字諏訪原 11-15
- 022-426-6681
- 09:00～18:00
- 休 週二
- $ 午餐套餐 ¥850 起
- 從 JR「白石」或「白石藏王」站搭乘七之宿町營巴士至「なないろひろば」站

街道 Hostel おたて

Kaido Hostel
OTATE

七之宿推薦住宿

七之宿距離車站有一段距離，如果想好好享受七之宿的大自然，不妨住上一晚，體驗住民的生活。在這家 Hostel 建好之前，七之宿僅有一間旅館，民間團體有感於住宿設施不夠，決定讓廢校的小學重生，改建成這間住宿體驗施設。共 10 間房間，有適合少人數的雙人房、混合上下鋪，以及多人使用的和室。建議選擇附早餐或早晚餐的住宿方案，能品嘗到以在地食材烹煮的美味料理。Hostel 內也設有人工溫泉大浴場，設備完全不輸一般旅館。

1. 8 人和室房 | **2.** 外觀

- http shichikashuku-miyagi.co.jp/hostel
- 宮城縣刈田郡七之宿町字町裏 81
- 022-426-8877
- 週四～一，每日 15:00 入住，10:00 退房
- 休 週二、三
- $ 每人 ¥4,000 起
- 從 JR「白石」或「白石藏王」站搭乘七之宿町營巴士至「七之宿役場」站，轉乘七之宿街道線至「湯原東町」站下車後徒步 3 分鐘

豐富自然景觀與地形

加美周遊推薦

Kamimachi

加美町位於宮城縣北部，緊鄰山形縣，擁有平原、丘陵、田園等豐富地形，且屬於溫差大的內陸氣候，四季景色非常分明，造就美麗的城鎮。「藥萊山」為加美町的象徵景點，由於山型神似富士山，因此也被稱為「加美富士」，以藥萊山及周圍景色為中心的戶外活動也十分興盛。雪季時可以滑雪，其他季節則可以登山、騎單車周遊、露營等等，喜歡戶外活動的人，推薦來加美町住上一晚，享受各式各樣的體驗吧！

資訊案內所

如何從仙台前往加美

加美町內沒有電車車站，因此只能搭乘巴士或自駕前往。加美町內有 7 個巴士停靠站（夏季期間有 9 個停靠站），巴士搭乘地點在「仙台站 24 號巴士亭」，搭乘前往「加美・大衡」的宮城交通巴士，車程約 1 小時 30 分鐘可抵達，單程車資 ¥1,300。

1

藥萊土產中心

Yakurai dosancenter

當地食材與伴手禮

「藥萊土產中心」販賣當地農產品、伴手禮，聚集當地農家、商家的產品，從蔬菜、水果到各種加工品，價格划算，是當地人的採買首選之一，雖然觀光時不適合購買需要料理的蔬菜等食材，但還是有適合帶回去享用或送人的伴手禮。包括加美產的藍莓果醬、日本酒，以及創業百年今野釀造的招牌商品吟釀醬油，都是伴手禮的好選擇。另外，推薦品嘗看看使用當地知名農產品「藥萊芥末」的義式冰淇淋，有獨特的芥末香味，順口好吃！土產中心內還有拉麵店，就算不購物也值得來這裡逛一逛。

http www.yakurai-dosan.jp/index.html
✉ 宮城縣加美郡加美町字味ヶ袋薬萊原 1-67
☎ 0229-67-3011
🕘 09:00～17:30（10月～2月至 17:00）
休 無

2

加美周遊推薦景點

藥萊花園

Yakurai garden

四季花園景色超好拍

藥萊花園為加美町知名景點之一，位於藥萊山山腳下，面積廣達15萬平方公尺（約3個東京巨蛋大），栽培超過400種植物，春天、夏天、秋天都會根據當季花種布置不同主題，號稱日本東北最大規模的花園。5月中為10萬株三色堇構成的七彩拼布及橘色波斯菊，5月底則是黃澄澄的油菜花田，即便過了櫻花季節的5月，在這裡還是能欣賞到許多美麗的花卉景色。接著到了8月，則會盛開一大片的向日葵田。9月到10月有可愛毛茸茸的掃帚草，以及一串紅、青葙等秋季花卉拼成的彩色階梯。10月初開始還會舉辦為期兩個月的夜間點燈，10月底秋季花卉會開始凋謝，就算來不及看到白天的花景，也能來欣賞晚上的浪漫點燈。冬天期間花園會關園一整季，旁邊的藥萊山會開設週末限定的滑雪場，是個適合全家大小、四季都能享受的景點。

http yakurai-garden.com/
宮城縣加美郡加美町字味之袋薬莱原 1-67
0229-67-7272
10:00～17:00
休 無
$ ¥800

1. 藥萊花園秋季的夜間點燈｜ **2.** 藥萊土產中心的義式冰淇淋｜ **3.** 藥萊花園春季的油菜花田

把在地名產打包回家！

宮城土產

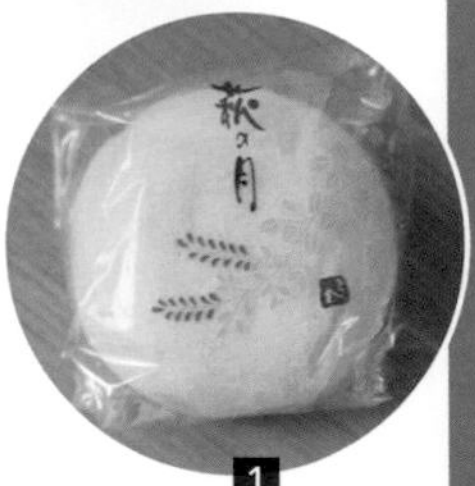

萩之月

Haginotuki

裹著卡士達醬的軟綿甜點～

被譽為日本20世紀的代表土產有北海道的白色戀人、福岡的明太子，另外一個就是仙台的萩之月，是一款海綿蛋糕包覆著卡士達醬內餡的饅頭形狀甜點。口感像蛋糕一樣柔軟，由於包裝內有放脫氧劑，常溫保存也不失風味，除了直接食用外，也有人會放冷藏庫或加熱，讓內餡的卡士達醬隨著溫度變化添加更多口感。

雖然現在使用脫氧劑保存這種小型點心的做法很普遍，但其實萩之月是使用脫氧劑的先驅，1977年萩之月的公司「菓匠三全」與大型工廠一起研發保存食物的脫氧劑，研發成功後，使用在1979年發售的萩之月，將每一顆個別包裝放入脫氧劑，不但成功讓萩之月成為仙台知名土產品牌，也將這樣的保存方式推廣至全國。

Where to buy

宮城縣各大車站、土產店

だて正夢

Datemasayume

買米做伴手禮

買米當伴手禮聽起來很樸素，但日本米不但好吃，東北的米在日本評價更是高，雖然東北氣候寒冷，但適當的溫差及乾淨的水源讓在地農家得以開發更美味的米，2018年宮城縣推出新的品牌米「だて正夢」（伊達正夢），特色是降低澱粉中直鏈澱粉的成分，讓米飯吃起來較黏，適合喜歡軟一點的米的人。

帶米上飛機似乎會增加行李重量，但一些有名的品牌米會因應伴手禮的需求，製作小包裝無洗米，一包約300公克，不只攜帶方便，喜歡的話還能多買幾種米回去比較看看。

Where to buy

仙台車站1樓食材王國宮城

1. 萩之月最長可保存10天，每一個都個別包裝，攜帶方便｜2. 卡士達醬內餡甜而不膩，口感剛剛好｜3. 300g的伊達正夢無洗米，方面攜帶

資訊案內所

如何帶米入境

入境台灣每人限制帶1公斤的米，如果要帶超過1公斤（最多6公斤），須事前向農糧署申請，通過後，回國入境時持申請通過的文件主動去檢疫櫃檯申報即可。申請網址：permit.coa.gov.tw，點選左側「業者端帳號申請」。

吉祥物 むすび丸 周邊商品

1

惹人愛的
Q版伊達正宗～

むすび丸（Musubi丸）是宮城縣的吉祥物，由於宮城縣受惠大自然環境而生產了許多美食，因此臉部以飯糰的形狀呈現，造型設計則參考伊達政宗的特徵——獨眼龍及半懸月頭盔。模樣可愛又結合歷史的むすび丸深受在地人愛戴，仙台及宮城各處商店都有販賣周邊商品，包含官方推出的玩偶、文具、衣服等，宮城縣的廠商開發商品時也經常會印上むすび丸當包裝，以凸顯宮城縣的特色。

2

Where to buy

日本酒：仙台車站 1 樓
文具類：宮城縣廳 1 樓觀光案內所

3

4

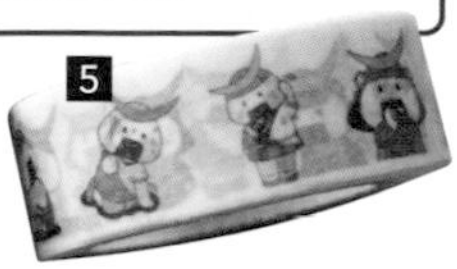
5

七夕和紙名片卡夾

充滿祭典感的
輕便小物～

伴手禮除了點心以外，具有當地特色的實用物品也很適合送禮。仙台的百年雜貨店「三好堂」販賣許多和風雜貨、手作品，其中，利用七夕祭典使用的裝飾和紙製作的名片卡很受歡迎，不太昂貴卻不失質感，種類多樣，一個只要¥700，店鋪隨時都有販售。如果沒有遇上仙台七夕祭，就買個具有當地特色的小物來感受仙台的祭典氣氛吧！

6

7

Where to buy

仙台三好堂

http 仙台市青葉區中央 2-2-29
10:00～18:00（不定休）

1. むすび丸（圖片提供／宮城縣）｜ **2.3.** 宮城縣廳 1 樓觀光案內所｜ **4.** 伊達日本酒，為宮城縣大崎市酒廠推出的商品｜ **5.** 宮城縣官方推出的むすび丸紙膠帶｜ **6.** 三好堂大門上的店名商標｜ **7.** 各種圖樣的名片卡夾

宮城文化體驗

⊘ SUP立槳簡單好玩

「SUP立槳」是一種站在槳板上用手划的水上運動，SUP為「Stand Up Paddle」的縮寫，靠專用槳板及一根划槳就能漂遊各種溪流、湖水及海灣。由於很容易保持平衡，站著坐著都能划，各年齡層都能輕易上手，即便沒有運動習慣，也能馬上享受SUP的樂趣。

宮城縣擁有豐富自然資源，海邊、河川、湖泊、水庫都能體驗。是個可以用不同角度欣賞四季景色的大好機會。例如在日本三景松島，即便搭觀光遊覽船都不一定能靠近各個小島，但透過SUP就能近距離觀察小島群的樣貌，在楓葉季節時還能與美麗的楓葉景色合照。另外奧松島、秋保近郊、大倉水庫也是SUP的熱門地點。由於每個地點針對SUP的相關規定不同，建議直接參加當地合法業者舉辦的體驗活動。

推薦中文導遊：野遊

如果對日文、英文都沒有自信，推薦找住在宮城縣的台灣人「野遊」體驗，除了提供基本的裝備以外，每一梯次都是少人數舉辦，在水上體驗時不會太擠、教練也比較有時間可以照顧到所有人。天氣允許時，教練還會兼攝影師，用單眼相機、空拍機幫大家拍下美照。「野遊」的滑雪教學經驗也十分豐富，冬天也能來體驗他的滑雪課程。全程都能使用中文，無須擔心語言問題。

f 野遊 yayusnowsup
IG @snowtravelskischool

1

2

3

4

1. 體驗SUP立槳更靠近大自然美景 | **2.** 立槳（照片提供／野遊）| **3.** 野遊（照片提供／野遊）| **4.** 冬天可以體驗滑雪（照片提供／王建中）

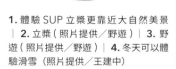

⦸ 當季水果吃到飽

喜歡吃水果的人千萬別錯過宮城縣的各種當地水果，在收穫期間不少農園會提供採摘體驗，宮城縣基本上一整年都有當季收穫的水果，其中著名的水果為草莓、水梨及藍莓。以下介紹兩個水果採摘體驗的設施。

山元草莓農園

特色：草莓種類最多有3種，可搭配免費煉乳邊採邊吃，不須預約可直接前往。另有附設的咖啡廳可休息、用餐。

費用：¥1,800～¥2,200／30分鐘，價錢依照季節變更

季節：12月中旬至6月中旬

http www.yamamoto-ichigo.com/index.html

1

2

3

JR水果公園仙台荒濱

特色：整年都能體驗摘採水果。包括草莓、藍莓、葡萄、蘋果等等，根據季節提供不同水果。另外還能市集也可以購買到附近農家種植的新鮮蔬果。

費用：¥1,800～¥2,200／30分鐘，價錢依照季節、水果種類變更

季節：12月中旬至6月中旬

http www.yamamoto-ichigo.com/index.html

⦸ 如何搜尋體驗項目

❶ 進入仙台觀光國際協會架設的「仙台體驗網」。

http sendai-experience.com

❷ 可先在右上角轉換語言，並輸入關鍵字後搜尋（例如：SUP）。

❸ 搜尋結果會顯示數個業者。

❹ 依據價格、體驗時間、地點、是否提供多語言服務等綜合判斷後選擇業者，並點選報名鍵、直接向各業者報名體驗。

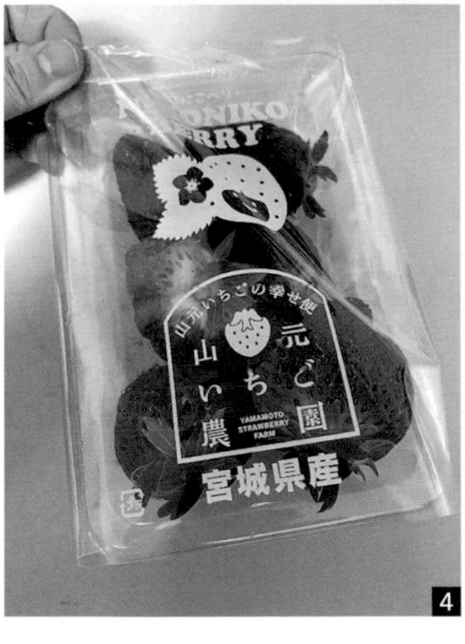

4

1. 山元草莓農園，除了摘採草莓以外，也能買回去享用｜**2.3.4.** 山元草莓農園

山形

YAMAGATA

山形位在宮城縣的西邊，特徵如同縣名，是個擁有許多美麗山脈的地方。山地面積占全縣百分之八十五，包含連結宮城縣的藏王連峰，連結秋田縣的鳥海山，與山岳信仰的中心地出羽三山等，可說山景即是山形縣的日常風景。

全縣可劃分成村山、最上、庄內及置賜4個地區，本章介紹的區域會以村山與庄內為主，村山地區包含絕景篇的山形藏王、銀山溫泉及山形市區周遊路線。庄內地區則包含絕景篇的丸池樣及酒田、鶴岡周遊路線。

當地的水果也是揚名全日本。很多人對山形的第一印象就是櫻桃，由於雨量較少，很

適合種植怕雨的櫻桃，加上日照多、溫差大的優勢，成了日本櫻桃產量最多的地方。除此之外，西洋梨、葡萄的產量也都在全國前三名，以好山好水、物產豐饒、悠閒平靜來形容，最適合也不過。

山形是個多雪的地方，因此當地活動多集中在夏、秋。夏天的重頭戲是縣內最大的祭典花笠祭，於每年8月5日~8月7日舉辦。祭典以花笠舞為主，當地民間團體一邊唱著花笠音頭、喊著「Yassho、Makasho」的口令，一邊拿著印有山形縣縣花「紅花」的斗笠跳舞，讓紅花綻放在山形的夏日夜晚。入秋之際，山形跟宮城兩縣同樣都會舉辦芋煮會（見P.38），但與宮城是使用豬肉及味噌相比，山形在芋煮鍋裡使用的是牛肉，並用醬油調味（沿海地區部分使用豬肉）。雙方都認為自己的芋煮法最正統、口味最好，有機會不妨在秋季時來比較看看吧！

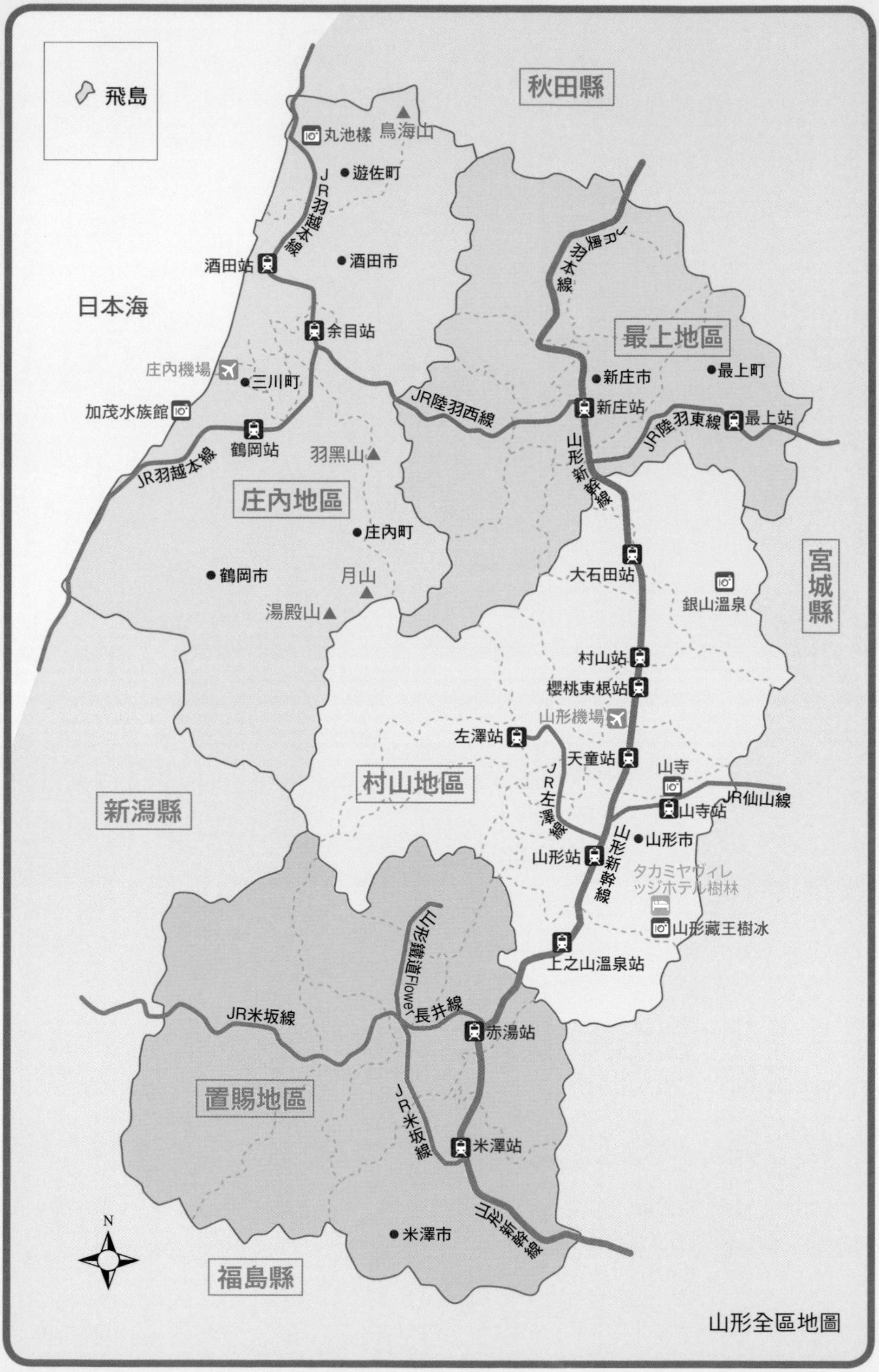
飛島
秋田縣
丸池樣
鳥海山
遊佐町
JR羽越本線
酒田站
酒田市
日本海
余目站
庄內機場
三川町
加茂水族館
鶴岡站
JR羽越本線
羽黑山
庄內地區
庄內町
鶴岡市
月山
湯殿山
JR奧羽本線
最上地區
新庄市
最上町
新庄站
JR陸羽西線
JR陸羽東線
最上站
山形新幹線
大石田站
宮城縣
銀山溫泉
村山站
櫻桃東根站
山形機場
左澤站
天童站
山寺
JR仙山線
山寺站
村山地區
JR左澤線
新潟縣
山形市
山形站
山形新幹線
タカミヤヴィレッジホテル樹林
山形藏王樹冰
上之山溫泉站
山形鐵道Flower長井線
JR米坂線
赤湯站
置賜地區
JR米坂線
米澤站
山形新幹線
米澤市
N
福島縣
山形全區地圖

山形縣交通

由於目前台灣沒有定期直飛山形的班機，因此建議從仙台前往山形縣，可搭 JR 電車或巴士。但往山形的電車班次少，搭電車不見得比較快，而巴士的價格也不便宜，再加上目的地不同，適用的交通方式也不一樣，建議先決定好目的地後再選擇適合的交通工具。

以下為從仙台出發至本章介紹地區的車程時間，可作為行程安排的參考，更詳細的交通方式見各地區介紹。

城市	自駕車程（使用高速公路）	電車車程／票價	巴士車程／票價
山形市	1 小時	1 小時 27 分鐘／ ¥1,170	1 小時 19 分鐘／¥950
酒田市	2 小時 28 分鐘	4小時23分鐘／¥3,080★	3 小時 35 分／¥3,400
鶴岡市	2 小時 10 分鐘	4小時51分鐘／¥3,080★	2 小時 45 分鐘／¥3,200

★不搭乘新幹線，最便宜的電車路線。資訊如有異動，請以公告為準。 製表／邱文心

1. 山形市霞城公園｜ **2.** 鶴岡市加茂水族館｜ **3.** 酒田市舞娘（圖片提供／新潟縣觀光協會）｜ **4.** 花笠舞的舞蹈是源自種田的姿勢（圖片提供／山形縣花笠協議會）

抵達山頂後，眼前景色彷彿跳脫現實世界，與樹冰一起凝結於此

山形四大絕景

山形藏王樹冰

絕景 NO.1

Yamagata Zao Juhyo

17 分鐘登山頂，搭纜車看樹冰

擁有廣大的滑雪場及溫泉地的山形藏王，到了冬天觀光客總是源源不絕，但不只是滑雪客，僅為了看一眼樹冰遠道前來的人也大有人在。

山形樹冰與宮城樹冰一樣從11月底開始形成，並在3月以後慢慢融化，最佳觀賞期為1～2月。宮城藏王的樹冰可以與樹冰近距離接觸，而山形藏王的樹冰則能從高處俯瞰全景，各有值得欣賞的地方。標高1,661公尺的山頂僅僅17分鐘就能搭纜車抵達，建議搭乘纜車時也可以仔細觀察窗外景色，越往高海拔，樹冰的體積越龐大，對於最高峰的樹冰樣貌也會越來越期待。山頂氣溫非常低，不適合久待，可在山頂室內休息區用餐、避寒，加上休息時間，建議停留約2小時。

交通方式

可從山形車站搭乘「山交巴士」（山形站出閘門後往右邊的東口方向前進，接著往左邊樓梯走下去後，往前約100公尺即可看到山交巴士售票處及巴士亭）。車程約40分鐘即可到「藏王溫泉巴士轉運站」，走出巴士亭後往右徒步約10分鐘，即可抵達藏王纜車入口處。觀看樹冰要搭兩段不同的纜車，路線如下：

藏王山麓站，為纜車入口處

① 藏王山麓站 —— 山麓線（約 7 分鐘）—— ② 藏王高原站 —— 山頂線（約 10 分鐘）—— ③ 藏王山頂站

1. 在纜車上觀看樹冰，海拔越高的樹積雪越多｜ 2. 山形站東口的巴士亭｜ 3. 藏王纜車入口處標誌

山交巴士每年12月初～隔年3月初會販賣巴士與纜車的套票，內含「山形站～山形溫泉站來回車票」及「樹冰觀賞纜車來回票」，適合從山形站搭巴士前往樹冰的旅客，價格¥5,000。可以在山形站的山交巴士購票處購買，不需事前預約。

比交通套票更划算的安排

若想要在藏王溫泉待一晚，可選擇距離纜車搭乘處不遠，且有提供從山形站接送服務的飯店（例如藏王國際飯店、藏王四季飯店），如此可省下從山形站到藏王纜車的交通費，僅需負擔纜車的車票即可。

上山注意事項

出發前可利用本書推薦的網站查詢天氣預報（見P.175），如果能在晴朗的天氣看到樹冰是最好的。但由於高山天氣非常不穩定，若沒有遇到好天氣，可以在山頂的餐廳休息；若遇到烏雲，建議先在餐廳避寒，等待萬里無雲的一瞬間再出去觀賞。要注意的是，有時纜車會因風大停駛，所以除了天氣預報，也建議出發前查看藏王纜車的官網，確認纜車是否運行。

藏王纜車

- http zaoropeway.co.jp
  www.facebook.com/zaoropeway，可查詢即時樹冰狀況
- ✉ 山形市藏王溫泉229-3
- ☎ 023-694-9518
- ⏲ 山麓線08:30～17:00，山頂線08:45～16:45
- 休 無，但可能因天候臨時停駛，可在出發當天查詢官網
- $ 藏王高原站來回¥1,800，藏王山頂站來回¥3,500

樹冰要消失了？

1970年時，在海拔1,450公尺處就能看到樹冰，如今必須要到1,550公尺以上才能欣賞到。根據山形大學理學部柳澤文孝助教授的研究，若全球暖化的現象持續，山形藏王樹冰很有可能在這世紀就會消失。若希望樹冰能長久存在，看來關鍵就在全球如何對抗暖化了。

1. 日落時的藍調畫面可說是銀山溫泉最浪漫的一刻｜ 2. 雪花紛飛的銀山溫泉猶如仙境

銀山溫泉

Ginzan Onsen

絕景 NO.2

穿梭大正時代，雪景最浪漫

位在尾花澤市的銀山溫泉擁有500年以上的歷史，溫泉街的街景是由約13間洋風木造溫泉旅館所組成，中間還穿流了一條涓涓細流的銀山河，每個角落都彷彿停在大正時代，充滿浪漫風情。據說宮崎駿作品《神隱少女》參考了銀山溫泉的景致，而在更早之前這裡是日劇《阿信》的外景地。

過去這裡因採礦業的發達而被稱作「銀山」，當時的採礦工人發現了溫泉，成了工作療癒後疲憊身軀的好去處，雖然一度面臨廢山的命運，但隨著道路整頓、新幹線開通後，1986年制定了《銀山溫泉家並保存條例》，讓銀山溫泉的建築物得以保存，並發展觀光事業吸引國內外旅客到訪。

日落後20～30分鐘左右是銀山溫泉景色最美的時刻，想捕捉日落後的銀山風情可別錯過了！而大雪紛飛的景色會讓銀山溫泉的浪漫更上一層樓，非常推薦雪季前來。

交通方式

離銀山溫泉最近的JR車站為「大石田」站，可在車站轉乘はながさ巴士(Hanagasa)至銀山溫泉，車程約40分鐘。如果會留宿，建議選擇有提供車站接送服務的旅館(大多數都有)。

はながさ巴士時刻表

如何抵達大石田站

從山形站出發(約40分鐘)：❶山形 —JR奧羽本線— ❷大石田

從仙台站出發(約2.5小時)：❶仙台 —JR山形線— ❷羽前千歲 —JR仙山線— ❸大石田

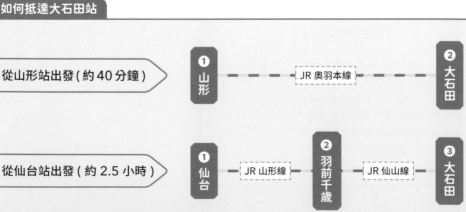

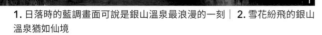

銀山溫泉景點

しろがねの湯
Shiroganenoyu

不住宿也能體驗
銀山溫泉魅力

銀山溫泉的旅館不便宜也不好訂到房，若不安排住宿行程也沒關係，就到當地的大眾浴池體驗吧！しろがねの湯（白銀之湯）是日本知名建築師隈研吾於2001年所設計，為了融入其他溫泉旅館而下了不少工夫。低調的黑色外觀保有懷舊氣氛，窗戶的設計也不用玻璃，而是使用乳白色壓克力板搭配木頭，是個將空間發揮運用到最大，且兼顧採光及通風的大眾浴池。要注意的是，沒有提供吹風機，建議帶個髮夾或浴帽，以避免弄濕頭髮。

1

http yamagatakanko.com/onsen，點選村山地方「銀山溫泉」
✉ 山形縣尾花澤市銀山新畑北 415-1
☎ 023-723-4567
⌚ 每日 08:00～17:00
$ 泡湯 ¥500，毛巾 ¥200

はいからさん通り
Haikara-san Toori

溫泉街散策小確幸

在溫泉街除了泡溫泉外，當然也一定要來些小吃充飢，位在銀山溫泉街最裡頭有間販賣各種點心、飲料的はいからさん通り，日式點心以外，最有人氣的是「咖哩麵包」，用山形縣小麥製成的麵包皮，以及分量飽足的咖哩餡為最大特色，尤其對於在寒冬造訪銀山的人來說，熱騰騰的咖哩麵包就像是沙漠中的泉水；咖哩餡非常熱，在咬開的時候得小心不要燙到嘴巴。店內也有內用座位，再配上一杯咖啡，溫暖人心。

2

http www.meiyuu.com/haikara，點選左邊「はいからさん メニュー」
✉ 山形縣尾花沢市銀山新畑 451
☎ 023-728-3888
⌚ 每日 09:00～18:00

1. 隈研吾設計的しろがねの湯
2. はいからさん通り外觀

山寺

Yamadera

絕景 NO.3

經歷千年的歷史古剎

從JR山寺站徒步5分鐘即可抵達山寺山口，山寺的正式名稱為「寶珠山立石寺」，由慈覺大師於貞觀2年（西元860年）依照清和天皇之意開山。雖然交通相較其他絕景都來得便利，但不代表能輕易欣賞到美景，因為從登山口開始，要爬超過千階的樓梯才能登頂。

松尾芭蕉為江戶時期的俳諧詩人，曾為山寺寫下「寂靜啊、滲入岩石的、蟬聲」來形容山寺的幽靜空間讓蟬聲也滲透到岩石。如果時間允許，在約1小時的路程中建議慢慢爬上山，用心感受山寺的靈性。

過了山門之後，首先會看到供奉奪衣婆的「姥堂」，並以此作為分界，向下是地獄，向上則是極樂淨土。據說要用旁邊岩石滲透出來的清水洗淨身心，再換上新衣服，一步步登上石階後就能消滅欲望、登上極樂。而走到山頂後，會先看到供奉慈覺大師的「開山堂」，可惜平常不開放參觀，僅在慈覺大師忌日1月14日舉行公開法事時，可看到木雕的實體。

而從開山堂再往上走，就能抵達「五大堂」，能在此將山寺景

1. 山寺山頂看出去的景色，如同水墨畫｜ **2.** 車站至山寺沿途景色。過此橋後右轉約 5 分鐘可抵達登山口｜ **3.** 階梯積雪容易滑溜，記得穿防滑的鞋以保安全｜ **4.** 力量蒟蒻

2

3

色收盡眼底，而這裡也是祭祀五大明王、祈求天下太平的地方。夏天時能看到一戶戶日式房子與山脈形成的美景，到了冬天大雪紛飛時，變成波墨山水畫的景色，令人屏息。

⦸ 實用資訊

冬季登山：山寺在冬季下雪時階梯非常滑，務必要穿著防滑的雪靴，或在山寺入口處免費租借。尤其下山會比上山更難走，建議慢慢移動，並把回程電車的時間一併納入考量，多保留一點時間。

行李租放：不建議帶太重的行李上山，可使用JR山寺站附設的置物櫃，位置分別在站內及出站後左手邊的洗手間旁，兩處共有73個置物櫃，價格為¥300～800。車站出來右側的蕎麥麵店「焰藏」也有提供免費寄放行李的服務（限店內用餐旅客）。

⦸ 交通方式

山寺與JR仙山線的山寺站約徒步5分鐘的距離，前往山寺站可以從仙台站出發（約50分鐘），或從山形站出發（約15分鐘）。若從仙台站出發，可以適用「仙台 MARUGOTO PASS」及「SENDAI AREA PASS」兩種優惠券。

⦸ 周遭美食推薦

力量蒟蒻：這種圓圓的蒟蒻是山形的名物，在日文被稱作「玉蒟蒻」。而在山寺，這種玉蒟蒻也被稱作是「力量蒟蒻」，由於要爬一千個階梯，推薦在爬山前先在山門賣店買一串，補充能量再上山。從山寺站出站直走1分鐘後，位於左方。

4

http www.yamaderakankou.com
✉ 山形縣山形市山寺 4495-15
☎ 023-695-2816
⏲ 08:00～17:00（管理員上班時間，建議此時前往較為安全。冬季依日落狀況可能會提早至 16:00 結束）
休 週三
$ 高中以上成人 ¥300，國中生 ¥200，4 歲以上與小學生 ¥100

丸池樣

Maruikesama

絕景 NO.4

寶珠綠色的池塘，也是祭拜神體

位在庄內地區內的鳥海山旁，有個人口僅有1萬4千人的小鎮，叫做「遊佐町」。雖然不是觀光名勝地區，但其中一個小小的神祕池塘「丸池樣」卻吸引不少外地人來朝聖。直徑20公尺，水深3.5公尺的小池塘，映照著四周的樹木，呈現清澈的琉璃綠，清澈到彷彿能直接看到池塘的最底部。

丸池樣旁邊有一座丸池神社，祭祀的是宗像三女神（田心姬命、市杵島姬命、多岐津姬命），而對當地人來說，這座池本身就是神體，因此取名時，才會在丸池後面加上尊稱的「樣」字。關於丸池樣的傳說非常多，有一則是平安時期的武將鎌倉景政被弓箭刺到左眼後在丸池清洗，染紅了整片池水，因此讓這個池塘的魚眼睛都只有一隻。但可別好奇地想一探究竟，丸池樣是遊佐町的天然紀念物，不可以擅自跨越禁止線，更禁止捕捉池中動物或採集周遭植物。

觀賞時機

想拍到好照片，建議選在太陽折射角度小的早晨或傍晚來，池塘一圈很快就逛完，但只要太陽角度有所改變，池塘的顏色也會跟著變化，晨昏時池塘清澈不混

1

1. 丸池樣的水非常清澈，據說倒在池塘內的樹幹也不容易腐爛 **2.** 光線角度會隨著時間變化，此為早晨的光景｜**3.** 丸池樣入口處。美麗鄉村田園景色的背後，是更令人驚豔的絕景

濁，可完整呈現最自然、最直接的樣貌。並推薦在有綠葉的夏季至秋季前往，雖然冬天的雪白景色也非常浪漫，但少了綠意盎然的顏色有點可惜。

⦸ 交通方式

自駕：由於一般的導航系統查詢不到丸池樣，建議用手機地圖App設定「箕輪鮭孵化場」導航較為準確。

火車＋計程車：前往丸池樣無大眾交通工具直達，可先至JR吹噗站後搭乘計程車，車程大約10分鐘。

2

3

日本百大名山之一：鳥海山

如果在遊佐町內移動，一定無法忽視身旁的鳥海山。鳥海山是連結山形縣及秋田縣的活火山，標高2,236公尺，為日本百大名山之一。由於積雪的樣貌與富士山相似，在山形縣內也被稱為「庄內富士」（在秋田會稱「秋田富士」），鳥海山的大量湧泉自古以來幫助了農地的灌溉，如今從丸池樣、牛渡川也可窺見鳥海山給予的自然力量是多麼地可貴。

山頂還有殘雪的鳥海山

梅花藻棲息地：牛渡川

在前往丸池樣的小路上會經過牛渡川，這條3公里的河川任務是將鳥海山的水源匯集，最後流入日本海。牛渡川與丸池樣一樣，都擁有清澈的水源，仔細觀察，還能看到只有在乾淨的水中才能生長的梅花藻。到了11月下旬，還可以看見逆流而上的鮭魚，這般河川的透明度，相當少見，宛如世外桃源才有的好水質。

清澈的牛渡川，來找找看傳說中的梅花藻吧

由最上義光奠下基礎的城市

山形市周遊推薦

Yamagatashi

山形市為山形縣縣廳所在地，山形市過去為山形藩，最上義光作為第一代藩主為城市打下了重要基礎。他從小體格魁武，能獨自搬動190公斤的石頭，除了體力好，頭腦也很聰明，懂得使用策略讓敵方內亂，以避免不必要的流血之戰。

山形市是山形縣中大眾交通工具較為發達的地方，有市內公車、免費自行車，非自駕也能逛到各大景點。車站附近不少旅館、餐廳，適合停留一晚再啟程銀山溫泉、藏王樹冰等山形絕景地。每年8月5日起的連續3天，東北六大祭典之一「山形花笠祭典」會在山形市區登場，想體驗熱鬧夏季祭典的人千萬別錯過！

山形市周遊景點推薦

1. 山形花笠祭典｜ **2.** 文翔館（圖片提供／山形縣廳）

資訊案內所

如何從仙台前往山形市區

出發地／交通工具	路線	車程／票價
仙台機場／巴士	**仙台機場→山形站前** 不需預約，在仙台機場 1 號巴士亭搭乘	80 分鐘／¥1,700
仙台市區／巴士	**JR 仙台站前→ JR 山形站前** 不需預約，在仙台站 22 號巴士亭搭乘。如要來回，可購買兩次券 ¥1,700	67 分鐘／¥1,000
仙台市區／電車	**JR 仙台站→ JR 山形站** 搭乘「JR 仙山線」前往，可使用 W 票券更划算	67 分鐘／¥1,170

★資訊如有異動，請以公告為準。 製表／邱文心

什麼是 W 票券？

W 在日文的念法與「double」相同，W 票券是指同樣區間的兩張票，是由 JR 東日本發行的優惠票券，主要適用於東北地區的新幹線，或一般 JR 電車，可作為兩趟單程或來回票使用，不限方向。以「仙台－山形」區間為例，W 票券 ¥1,560，平均一趟 ¥780，比搭乘巴士還划算。可於搭乘區間的「綠色窗口」或「指定席售票機」購買。

使用「指定席售票機」：在 JR 車站找到「指定席售票機」，可選擇繁中模式後在「優惠券」找到 W 票券，或是直接在日文介面選擇「おトクなきっぷ」再選點選「在來線 W(ダブル) きっぷ」。現金或信用卡付款皆可，最後會取得兩張單程票券，即為一套 W 票券。

指定席售票機

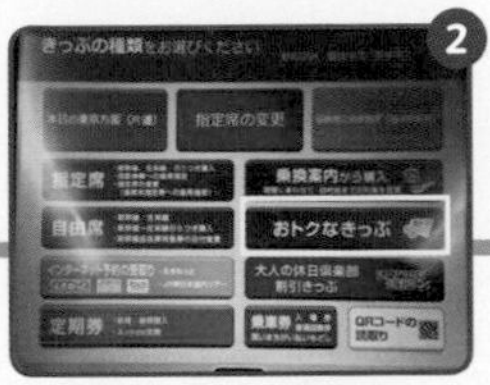
日文介面點選
「おトクなきっぷ」

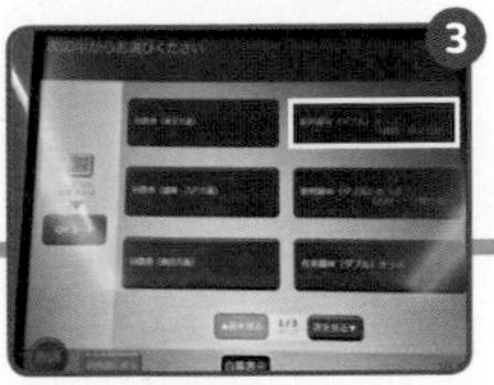
點選
「在來線 W(ダブル) きっぷ」

可使用現金或信用卡付款

W 票券為同樣區間
的兩張車票

山形市區交通方式

1. 市區循環巴士「ベニちゃんバス」：在市中心內上下車，不論距離每趟皆 ¥100(僅能付現)。路線分成兩條，以山形車站為中心的「小紅東循環」(東くるりん) 及「小紅西循環」(西くるりん)，¥100 區域是指兩條路線重疊的「中心市街地」，要前往市中心的景點，東西兩線皆可搭乘。若超過「中心市街地」則無優惠，按照距離計算價格。

• **山形站搭乘處**：1 號及 2 號巴士亭中間
🕒 每小時約 2 ～ 3 班 (山形站出發首班 06:50、末班 18:06)，每年 1 月 1 日停駛
http bit.ly/2JXBYTK，點選「時刻表」

2. 山形市電動自行車租借：山形市提供電動自行車，讓旅客在市內移動時更方便！租借方式為自助式，必須事前下載 App 預約，抵達據點後使用 App 選定自行車，可在任一據點歸還。山形市內有 40 處據點，包括山形站東口交通中心前、霞城公園、文翔館等知名景點。費用為每 15 分鐘 ¥50，也可一開始就選擇一日方式 ¥1,000。App 可綁定信用卡支付。

http reurl.cc/LNW56y

山形城跡 霞城公園

Kajyoukoen

山形市發祥之地

山形城約650年前由斯波兼賴築城，並於400年前由他的第十一代子孫、同時也是出羽山形藩的初代藩主最上義光改建，目前僅留下遺跡，二戰後當地政府將二之丸遺跡及部分石垣整頓，轉型為霞城公園，成為市民認識城市歷史與休憩的好地方。從公園的構造可觀察到山形城的城郭屬於輪郭式建築，呈現四邊各500公尺的方形，以本丸為中心，外圍由內向外環繞著二之丸與三之丸。廣大的城跡成了山形市重要的歷史地標。

公園隨著季節變化，有楓葉、有櫻花，尤其春天1,200株吉野櫻綻放的景色，相當迷人。公園內另有山形縣立博物館與山形市鄉土館（付費），以及最上義光歷史館（免費），館內有更多的資料與展示，想更了解山形歷史，可在此多加停留。

- yamagatakanko.com/spotdetail/?data_id=2304
- 山形市霞城町 1-7
- 023-641-1212
- 每日 05:00～22:00(11～3月 05:30 開放)
- 免費
- 市區循環巴士至「霞城公園」下車
- 1 小時

充滿躍動感的最上義光騎馬像

進到霞城公園後，山形城的第 11 代城主最上義光的騎馬像率先進入眼簾，若仔細看，會發現這尊雕像的馬匹，與其他地方的雕像很不一樣，前兩腳騰空幾乎沒有穩定基底，要取得平衡很不容易。這是靠著山形當地富有經驗的鑄造職人的好技術才得以完成，而這種姿態的騎馬像，在日本可說是獨一無二。

職人的技術讓騎馬像更加生動

1. 冬天來訪，看見雪白靄靄的霞城公園｜ **2.** 護城河與電車形成的景色，無論什麼季節都美的像幅畫

文翔館
Bunshokan

從舊縣廳感受山形近代歷史

文翔館建造於1916年，是日本大正初期的洋風建築代表之一，擔任縣廳的歷史長達68年，現在則是展示山形縣歷史資料的「山形縣鄉土館」，免費開放給一般民眾參觀。

文翔館是一棟紅磚建造的三層樓文藝復興風格建築。目前房間內部盡量保持縣廳時期的樣貌。而這些復古的裝潢與擺設，也受到電視劇及電影的青睞，包括日本電影《神劍闖江湖：京都大火篇》的其中一景就是在此拍攝。

館外有一個美麗的庭園，旅人可以在此休憩，值得一提的是庭院的夜間點燈，每天會根據季節、活動更換不同顏色至晚間9點，是夜晚停留此的一大樂趣。

文翔館因建築特色而被指定為國家重要文化財

www.gakushubunka.jp/bunsyokan
山形市旅篭町 3-4-51
023-635-5500
09:00～16:30
休 每月第一及第三個週一（遇國定假日順延至隔日），12/29～1/3
免費
市區循環巴士至「旅篭町2丁目」，徒步5分鐘　1小時

紅之藏
Beninokura

從古老倉庫認識山形

如果想從山形站以散步的方式開始逛景點，距離山形站僅徒步10分鐘的紅之藏是不錯的目標。日文的「藏」有倉庫的意思，紅之藏是將5棟古老倉庫分別改造成蕎麥麵店、咖啡廳、土產區、在地新鮮蔬果市場與街道資訊中心（情報館），並偶爾會舉辦展覽或體驗活動，可說是充分發揮山形市魅力的地方。此地曾為紅花商人的住處，山形縣在江戶時期是紅花的最大產地，產量與品質都是日本第一，因此在設施取名時常加上「紅」字。

www.beninokura.com
山形市十日町 2-1-8
023-679-5101
資訊中心每日 10:00～18:00
休 元旦
市區循環巴士至「十日町紅の蔵前」下車
1小時
紅之藏內各店家營業時間不一，請於官網確認

紅之藏內有資訊案內、餐廳、土產，是旅途中歇腳好去處（圖片提供／山形縣廳）

御殿堰
Gotenzeki

重現 400 年前河川街道

柳樹與微風交織，聽著涓涓細流的流水聲。這裡是400年前山形城城主鳥居忠政為了確保農業用水而設置的塘堰，石頭圍起來的水溝中還看得見清澈的水流，現在經過整頓後作為市民的親水空間而保留下來。

旁邊的日式建築「水之町屋」設有8間店鋪，有餐廳、咖啡店、和服店、日式手作雜貨等，留下既有的倉庫、活用在地木材加以改造，並使用水流作為除雪、通風及滅火等用途，建築設計以永續經營為理念。

木材的外觀使人平靜，清澈的河川也讓人遙想過去的榮景

- http gotenzeki.co.jp
- ✉ 山形市七日町 2-7-6
- ☎ 023-623-0466
- ◷ 依店家不同，請於官網確認
- ➡ 市區循環巴士至「七日町」下車後徒步 1 分鐘
- ⌛ 1 小時
- ⁉ 各店家營業時間不一，請於官網確認

霞城中央大樓展望台
Kajo Central Observation Deck

山形市區行程的完美結尾

逛完了一天的山形市區，最後推薦來這個可以一望市景的展望台。高樓大廈不多的山形市區中，就以霞城中央大樓最顯眼。可透過山形站西口的通道直達，開放時間內大樓可免費進出，白天天氣晴朗時可以看到主要景點，而晚上則呈現美麗的夜景，還能坐在展望台附設的沙發椅，適合一個人安靜享受，也適合跟重要的人共享美景。

同樣位在24樓也有3間餐廳可以享用美食，每間餐廳都能看見夜景，想體驗不一樣的山形市景，不妨排個時間來霞城中央大樓休息一下吧。

白天若天氣晴朗，也能欣賞市景

- http www.kajocentral.com
- ✉ 山形市城南町 1-1-1
- ☎ 023-647-7211
- ◷ 07:00～23:00
- ➡ 從山形站西口的 2 樓連結通道可直達達霞城中央大樓
- $ 免費
- ⌛ 30 分鐘

庄司屋
山形本店
Shojiya

蕎麥麵之外，
還有特別的麥切麵

1. 從車站可徒步抵達，非常方便｜ 2. 庄司屋的麥切只要¥880，味道簡單又好吃

對日本人來說，談起山形縣的特產，除了櫻桃就是蕎麥麵了。好山好水的山形縣孕育了品質良好的蕎麥麵粉，製作出的麵條有彈性，口感絕佳。然而，山形縣還有另一道鮮為人知的鄉土料理「麥切」(麦きり，mugikiri)，原料跟蕎麥麵不同，是用小麥粉製成的，口感類似烏龍麵，但形狀像蕎麥麵，入口後會發現比蕎麥麵更有彈性一點，是非常特別的食物。

麥切產地主要聚集在庄內地區，但販賣的餐廳並不多。距離山形站徒步10分鐘的庄司屋，除了提供蕎麥麵，也是山形少數販售麥切的餐廳。來到山形，就來吃吃日本其他地方吃不到的麥切吧！

- http www.shojiya.jp
- ✉ 山形市幸町 14-28
- ☎ 023-622-1380
- ⏲ 11:00 ~ 16:00（最後點餐 15:00），17:00～20:30（最後點餐 20:00）
- 休 週一（遇國定假日順延至隔日）
- ➡ 山形站東口徒步 10 分鐘

くろげ
山形本店
Kuroge

嘗嘗山形牛與
米澤牛的滋味

到了山形縣，一定要品嘗看看當地的山形牛及米澤牛，くろげ燒肉店社長秉持著用低價提供高級牛的堅持，因此進貨時都是一頭一頭牛肉進，來降低進貨成本，這種店在日文稱作「一頭買い」，比起大部分的燒肉店只能吃到部分部位，くろげ的菜單豐富許多。

雖然以山形牛及米澤牛的等級來說已經算便宜，若想更省荷包，也可以搭配其他價格親切的特選和牛套餐，套餐一人平均下來 ¥2,000 ~ 5,000，店家特製的創意料理也值得一試，像用米澤牛製作的可樂餅、炸牛排等。

店家位在許多居酒屋聚集的熱鬧街道「すずらん通り」

- http www.kuroge.com
- ✉ 山形市香澄町 1-5-10
- ☎ 023-623-8929
- ⏲ 17:00 ~ 23:00（週日及國定假日至 22:00）
- 休 無
- $ 約 ¥2,000 起
- ➡ 山形站東口徒步 5 分鐘（出口直走第二個路口左轉）

仙台 宮城 山形 福島

在來作物與素齋豐富又美味

酒田．鶴岡周遊推薦

Sakata · Tsuruoka

酒田、鶴岡地區位在山形縣庄內地區，面向日本海，北邊有鳥海山，東邊為出羽三山（月山、湯殿山、羽黑山），擁有豐饒的自然資源與在地文化。其中出羽三山是山岳信仰的聖地，庄內地區共供奉6座肉身菩薩，是日本肉身菩薩最密集的地方。

歷史悠久的修行文化為庄內地區帶來豐富的素齋，這裡的蔬菜多元且具有地方特色，有60種作物被認定為是「在來作物」，是日本最多在來作物的地方（注：在來作物指的是「在特定的地區，使用代代相傳的某種栽培法所培育出來的作物」），包括「DADACHA毛豆」、「庄內柿子」、「民田茄子」等都是。來到鶴岡與酒田，可以少吃點大魚大肉，多品嘗當地的特色蔬菜料理！

酒田鶴岡周遊推薦景點

1.DADACHA毛豆（圖片提供／山形縣觀光協會）｜ 2.民庄內柿子（圖片提供／山形縣觀光協會）｜ 3.從酒田市可眺望鳥海山｜ 4.酒田港｜ 5.鶴岡的注連寺，為庄內地區其中一座肉身菩薩的放置處（圖片提供／山形縣觀光協會）

如何抵達鶴岡與酒田地區

出發地／交通工具	往鶴岡	往酒田	時刻表
仙台機場／巴士	票價：¥3,500 車程：2 小時 30 分鐘	票價：¥3,700 車程：3 小時 30 分鐘	時刻表與預約網站
仙台市區／巴士	票價： ¥3,200 車程：2 小時 45 分鐘 ★距離鶴岡站最近的下車地點為「エスモールバスターミナル」	票價：¥3,400 車程：3 小時 35 分鐘 ★距離酒田站最近的下車地點為「酒田庄交バスターミナル」	

★資訊如有異動，請以公告為準。

製表／邱文心

「庄內交通」巴士

酒田與鶴岡地區交通方式

主要以巴士為主，以下是前往書中介紹景點會使用到的巴士路線。

1. 酒田與鶴岡市內巴士

出發地／交通工具	酒田市	鶴岡市
仙台機場／巴士	るんるんバス（runrun 巴士）	庄內交通
路線名稱	酒田站大學線	經加茂往湯野濱溫泉
搭乘處	酒田站 1 號巴士亭	鶴岡站 2 號巴士亭
經由景點	土門拳紀念館	加茂水族館
網站連結	時刻表	時刻表

★資訊如有異動，請以公告為準。

製表／邱文心

2. 酒田市免費自行車：數量有限且不接受預約，所以有被借完的風險，除了酒田站的觀光案內所外，也可在其他景點租借及返還，不限返還地，但一定要當天歸還。

酒田市免費租借自行車

酒田站觀光案內所

酒田市幸町 1-1-1　023-424-2454　每日 09:00 ～ 17:00

其他地點可參考官網 sakata-kankou.com/traffic/41365

眺海之森

Chokainomori

日落攝影人氣景點

夕陽西下，跟著酒田市一起進入夜晚

欣賞美麗的夕陽是在日本海側旅遊時的一大享受，除了在海岸旁的設施或旅館看日落，也推薦這個當地的人氣夕陽景點——眺海之森。雖然與海岸有點距離，但能俯瞰庄內平原、最上川，夕陽西下的景色搭配上庄內地區的自然景色，十分迷人。

由於太陽的位置會隨著季節變動，若想拍攝太陽落至稻田中央的景色，建議在5～8月前往，其中又以5月的灌溉期，田間水面反射出來的夕陽最為漂亮。除了觀景台，眺海之森內還有露營場等室外遊憩設施，是夏日戶外旅遊相當好的選擇。

- http yamagatakanko.com/spot，點選「酒田市松山地區」→「眺海之森」
- 酒田市土渕
- 023-422-5111
- 24 小時開放
- 從 JR「余目」站開車約 15 分鐘
- 建議於日落前 1 小時抵達準備

相馬樓

Somaro

欣賞酒田獨特的舞娘表演

相馬樓原為日式料亭老鋪「相馬屋」，料亭關閉後，山形當地知名外食企業「平田牧場」為了保存料亭文化收購這棟建築，在千禧年以「相馬樓」之姿重新與民眾交流，其中每天的舞娘表演更招攬了不少觀光客。

酒田市的舞娘曾在1960年代進入輝煌時期，隨後慢慢消退，直至1990年代，在地方政府的支持下，復興了這項傳統文化，並隨著相馬樓開業將此作為主要活動地。舞娘表演內容為當地民謠的舞蹈，現場有三味線伴奏，兩位舞娘表演三首曲子，共約20分鐘。由於酒田舞娘的腰帶綁法與京都舞妓不同，在名稱上特地以「舞娘」取代「舞妓」來作為區隔。

圖片提供／新潟縣觀光協會

- http www.somaro.net
- 酒田市日吉町 1-2-20
- 023-421-2310
- 10:00～17:00(最後入場 16:30)，舞娘表演為每天 14:00
- 休 週三，盂蘭盆節，年始年末
- $ 入館參觀 ¥1,000，含舞娘表演為 ¥1,800
- JR「酒田」站搭庄内交通「酒田駅前—湯野濱溫泉」線至「寿町」，車程約 3 分鐘，下車順著巴士方向走，第一個路口右轉約 1 分鐘
- 舞娘演出中不得攝影，結束後會開放拍照時間，可與舞娘合影
- 40 分鐘，舞娘表演為 15 分鐘

本間美術館
Homma Museum of Art

感受日式
別墅庭園之美

本間美術館的創辦者為江戶至明治時期的知名富豪兼地主，本間家在二戰後將自家別墅及庭園改造成對外開放的美術館，希望人們透過藝術鑑賞找回力量，脫離戰敗後不安的心。

可以在清遠閣內優閒地欣賞日式庭院

內有本館及清遠閣兩個展館。本館主要的收藏品為家族捐贈的藝術品，從古代到現代都有，約有三千件。在清遠閣1樓可以席地而坐，並欣賞鶴舞園的庭園景致，也能點杯咖啡悠閒地享受這個寧靜的空間。

參觀鶴舞園也是許多旅客的來訪目的，小巧而精緻的日式庭園擁有各種面貌，庭園的美不輸給館內的藝術作品。

- www.homma-museum.or.jp
- 酒田市御成町 7-7
- 023-424-4311
- 09:00～17:00（11～3月16:30閉館）。閉館前 30 分鐘最後入場
- 休 3～11 月無休，12～2 月休每週二、三
- ¥1,100
- 從 JR「酒田」站出口右轉徒步 7 分鐘
- 40 分鐘

土門拳紀念館
Ken Domon Museum of Photography

與酒田的
自然融為一景

土門拳是酒田市出身的攝影師，被譽為紀實性攝影大師，也是酒田首位榮譽市民。紀念館主要展示其攝影作品，內容以人物、佛像、寺院等日本傳統文化為主。

除了照片本身的魅力，紀念館的設計也別有用心，都是由土門拳的友人操刀，例如建築由知名建築師谷口吉生所設計，庭園、雕像等也有不同藝術家負責，他們的理念不外乎是希望將土門拳的世界觀傳達給後世。

坐落於公園內的紀念館不但沒與四周環境融合在一起，前景有池塘，背景是山丘，光是建築物本身就形成了一幅美麗的構圖。

土門拳紀念館外觀

- www.domonken-kinenkan.jp
- 酒田市飯森山 2-13(飯森山公園內)
- 023-431-0028
- 09:00～17:00
- 休 4～11 月無休，12～3 月休週一
- 特別展期間 ¥1,200，一般期間 ¥800，高中生有折扣，中小學生免費
- JR「酒田」站搭るんるんバス「酒田駅大學線」在「土門拳紀念館」下車，車程約 16 分鐘
- 60 分鐘

酒田港

Sakatakou

吃海鮮、看夕陽、
前往離島就來酒田港

作為山形縣唯一重要港灣的酒田港，是山形經濟據點之一，目前有一班定期船班，目的地是距離酒田西北方39公里、也是山形縣唯一的有人島「飛島」，單程75分鐘，由於島上冬季幾乎沒有店家營業，建議夏季前往。此外，夏季期間還會加開夕陽船班，讓民眾乘著船，欣賞沉入日本海的夕陽。

不搭船也沒有關係，酒田港的市場除了海鮮，也販賣不少當地土產，不但能在餐廳享用美味的海產料理，天氣涼爽時還能到屋頂上吹海風看海！

1

- http www.city.sakata.lg.jp/sangyo/kotsu（港口介紹點選「港灣」→「酒田港」；定期航班資訊點選「定期船とびしま」）
- 酒田市船場町 2-5-56
- 023-422-3911
- 每日 08:30～17:00
- 休 無（市場及各商店營業時間不一）
- 從 JR「酒田」站搭乘庄內交通「酒田駅前－湯野濱溫泉」路線至「山銀前」，下車後朝巴士反方向走，至第一個路口左轉約 5 分鐘
- 60 分鐘

小松鮪專賣店

Komatumaguro

大飽口福新鮮又
便宜的鮪魚料理

在酒田港的眾多餐廳中，隱藏了一間便宜又好吃的鮪魚店。小松鮪魚專賣店雖然僅販賣鮪魚料理，但菜單涵蓋了簡單的鮪魚親子丼到鮪魚頭定食，約14種菜單。鮪魚食材夠新鮮，價格也親民。而店裡最有人氣的是被大把乾冰包圍的「海鮮山鉾丼」。

2

- http komatumaguro.com
- 酒田市船場町 2-5-56
- 023-423-3838（023-426-0190）
- 平日 10:00～16:00，假日 09:30～16:00（售完會提前打烊）
- 休 不定休
- 同酒田港
- 60 分鐘

3

1. 酒田港內的魚市場外觀｜**2.** 小松招牌｜**3.** 赤身丼僅 ¥550，分量十足、新鮮好吃又划算

加茂水族館

Kamo Aquarium

因水母起死回生的水族館

相較酒田市，鶴岡市的觀光景點並不多，但唯獨加茂水族館在一年之中的觀光客超過50萬人，前來參觀的人幾乎都是要來朝聖水族館最引以為傲的水母。

加茂水族館展示的水母種類超過60種，在2012年取得「展示最多水母種類的水族館」之世界金氏紀錄。但加茂水族館並非一開始就是以水母為主打，也曾經歷過一天來訪客掛零的低潮期。直到1997年時職員偶然發現水槽中的水母，開始培育，雖然一開始並沒有太抱希望，但當養育到3公分後試著公開展示，沒想到引來熱烈迴響，特地來看水母的旅客增加了，水族館的營運也慢慢恢復，這也讓館方更加有了培養的動力。但其實水母的培養非常不容易，是靠著不斷實驗、資金投資，以及培育員的細心照顧才能成功。

走進加茂水族館的水母區，可觀察到各種各樣的水母，連僅僅出生一天的水母都有，看著工作人員耐心培育這些不易照顧的小水母，也能感受到水族館對水母滿滿的愛與感謝。

1. 可以欣賞各種水母｜ **2.** 水族館大門招牌｜ **3.** 餐廳販賣的水母冰淇淋，可以吃到一粒粒清脆水母口感

- http kamo-kurage.jp
- ✉ 鶴岡市今泉字大久保 657-1
- ☎ 023-533-3036
- ⏲ 每日 09:00～17:00，夏季至 17:30(每年夏季期間不一，約 7 月中～ 8 月中)。閉館前 30 分鐘最後入場
- 休 無
- $ 成人 ¥1,000，中、小學生 ¥500
- ➡ 從 JR「鶴岡」站搭乘庄內交通「經加茂往湯野濱溫泉」路線，車程約 30 分鐘
- ⌛ 2 小時

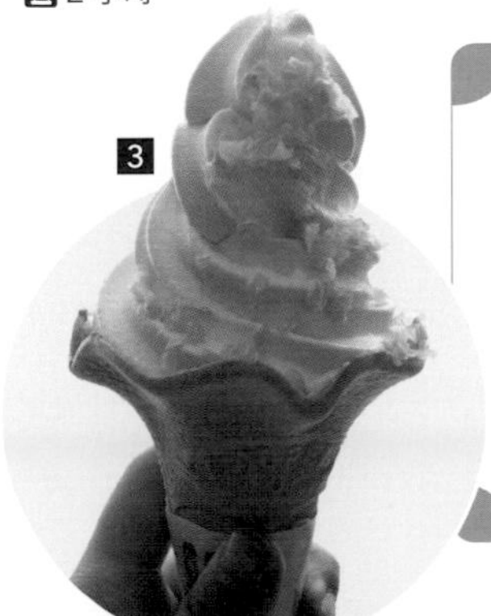

打卡聖地：發光大水槽

在水母區的最後一個展示超過 1 萬隻水母的發光大水槽，直徑長達 5 公尺，大水槽前有設置椅子，就算不拍照，光坐在水槽前發呆也很療癒，作為水母區的壓軸區再適合不過。

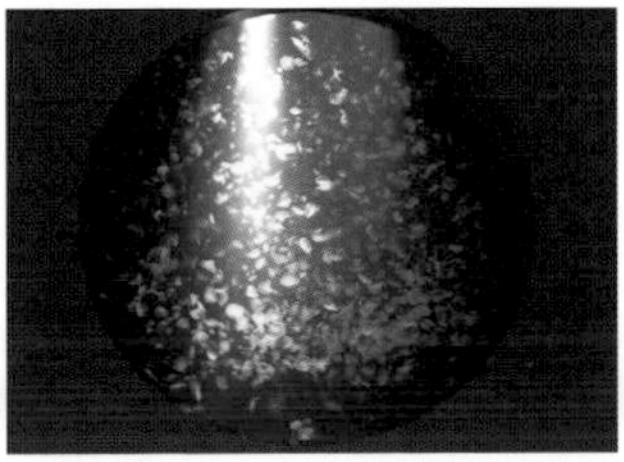

把在地名產打包回家！

山形土產

山形代表

Sun & Liv Yamagata

100%
山形水果果汁～

說到山形縣，絕對不能錯過各種香甜多汁的水果，可惜的是，水果不能帶入台灣，如果想要回國後也能享受，就只能購買製成伴手禮的加工品。「山形代表」是百分百使用山形水果製成的果汁，不添加任何防腐劑、香料等，也沒有砂糖，可以嘗到最原味的山形水果滋味。口味多樣，包括蘋果、葡萄、西洋梨、柿子等8種。

一瓶果汁的重量160公克，可在旅途中隨手買一瓶，或是裝入託運行李箱帶上機也很便利。

Where to buy

山形縣各大車站、土產店

「山形代表」為品牌名稱，有8種果汁口味可選擇

山形旬香菓果凍

Shunkouka

只在山形
才買得到～

如果想找更高級的伴手禮，推薦「杵屋本店」販賣的山形旬香菓果凍，最大的特徵就是直接在果凍裡面放入水果果肉，可以嘗到山形水果的原汁原味。三角型的包裝也特別用心，第一眼看不出是果凍，不僅可愛也展現質感，就算只拿一個送人也不失禮。口味有櫻桃、白桃與西洋梨3種，能讓人直接品嘗到水果的芳香。

杵屋本店是200年歷史的在地人氣點心老鋪，但17間店鋪都只開在山形縣內，因此這款原汁原味的水果果凍不像其他大廠牌的土產能在仙台或東京買得到，只在山形才有，想吃吃看，就來玩一趟吧！

★小提醒：日本兵庫縣也有家名為「杵屋」的點心店，但山形縣的這家老店正式名稱為「杵屋本店」，兩家不一樣，在搜尋時不要搞錯囉。

Where to buy

- **山形縣各大車站、土產店、杵屋本店**
- **杵屋本店 S-PAL 山形店**

✉山形縣山形市香澄町1-1-1(S-PAL 山形２樓)
⏲09:00～19:30

質感不錯的包裝

つや姫

Tuyahime

連續多年
特 A 米殊榮～

山形縣另一個名氣可與水果匹敵的物產，就是名為つや姫（豔姬）品牌的高級米，從正式上市以來，已連續10年獲得日本穀物檢定協會認定為「特A米」，是評鑑等級中的最高級，說是全日本最好的米也不為過。豔姬煮出來的米飯又白又亮又大顆，香氣跟黏度也剛剛好，不需要特別花心思就能煮出一鍋美味的白飯。跟宮城的伊達正夢一樣，在車站都有販賣小型的包裝，帶回台灣送禮也非常方便。

★小提醒：豔姬米並非山形獨特的品種，宮城縣及島根縣也有生產，但只有山形縣的米才獲得了最多年的特A米殊榮。宮城縣及島根縣的豔姬米也非常美味，但若想吃山形產的豔姬米，購買時要認清商標圖案。

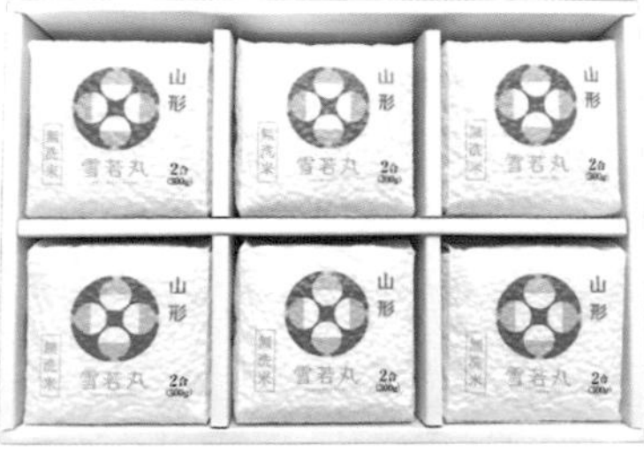

Where to buy

山形縣各大車站、土產店、仙台站 2 樓土產區

1. 寶特瓶包裝的豔姬米，方便攜帶｜ **2.** 山形的另一款米「雪若丸」也非常美味，媲美豔姬，也推薦入手

荷蘭仙貝

Oranda Senbei

另一種東北米
的魅力～

由酒田米菓推出的荷蘭仙貝，完全使用山形庄內地區的梗米製成，荷蘭的日文發音與山形方言的「我們」同音，加上山形庄內地區的風景像荷蘭一樣美麗，因而取名。

由於酒田米菓認為，市面上的仙貝因為太厚，容易有飽足感，因此研發了超薄仙貝，荷蘭仙貝只有2釐米，一片接著一片吃也不會膩。

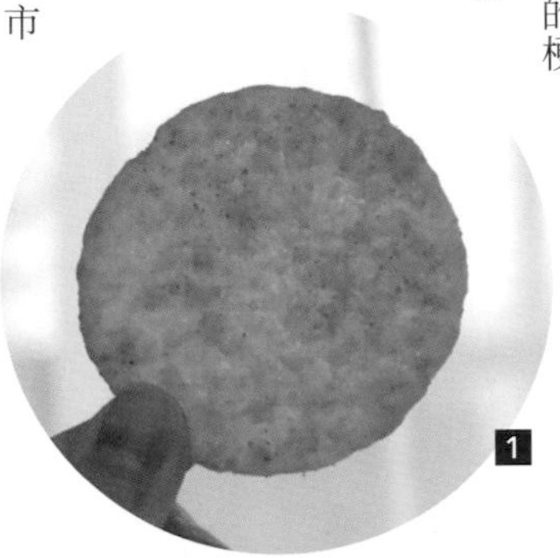

Where to buy

山形縣各大車站、土產店、仙台站 B1 土產區

1. 烤玉米口味是人氣 No.1，還有櫻花蝦、起司、柚子胡椒等口味｜ **2.** 荷蘭仙貝的可愛包裝也很受小孩喜愛

山形文化體驗

⊘ 最上川賞景、享美食

山形縣擁有豐富的自然資源，在最上川除了可以體驗乘船賞景以外，還能在附近品嘗山形名物蕎麥麵，可說是自然與美食兼具的體驗行程。最上川是東北最大的河川，縱貫山形南北，是支撐城市重要的動脈，除了提供水資源以外，以前河川也是用來載貨的不可或缺的交通手段。而隨著時代演進，船隻不再載貨，進而轉型成觀光遊覽船，使用簡單的船隻，並在短短1小時遊覽最上川最美的部分，讓旅客飽覽當地自然魅力。

長長的船身配上塌塌米的座椅，從春天櫻花、夏天綠葉到秋天的楓葉，每個季節的景色都值得一賞，到了冬天，座位會換成暖爐桌，在溫暖的船內欣賞被雪覆蓋的最上川，浪漫滿分。除了賞景之外，船夫還會在路途中為旅客高歌一曲當地民謠，為旅程更添色彩。

此外還有提供可以在船上享用的餐點，在1小時的船旅中還能順便填飽肚子，餐點有使用當地食材的便當、鄉土料理「芋煮湯」等充滿山形特色的料理可選擇，必須事前預約。

目前有兩間公司經營最上川遊船體驗「最上峽芭蕉路線」（最上峡芭蕉ライン）及「義經羅曼觀光」（義経ロマン観光），兩者各有優缺點，如果想省時、省錢，可以選擇最後會返回起點的「義經羅曼觀光」，不像「最上峽芭蕉路線」下船後還要再搭巴士返回起點。雖然前者「最上峽

1

2

3

芭蕉路線」價格較高，但因為全程都是單向，整整12公里的景色完全不會重複，且的起點及終點都有可用餐及買土產的地方，較適合想悠閒享受河川景色、不趕時間的人。

周遭美食：蕎麥麵店「芭蕉庵」

「芭蕉庵」位在最上峽芭蕉路線的乘船處，是都是從麵粉開始製作的手打蕎麥麵，蕎麥粉與小麥粉的比例是八比二，「通稱二八蕎麥」，麵條較有彈性且滑溜，覺得太單調的話，還有天婦羅蕎麥麵、雞肉蕎麥麵可選擇。蕎麥麵是來到山形的必吃美食之一，山形旅程中還沒品嘗到的話，不妨在乘船前後安排來「芭蕉庵」享用美味的蕎麥麵吧！

最上峽芭蕉路線

乘船處：古口港（戶澤藩船番所）

從 JR 古口站徒步 7 分鐘

可預約，非強制

¥2,800（網站預約可折 ¥100）

www.blf.co.jp

www.blf.co.jp/reserve

義經羅曼觀光

乘船處：高屋站乘船場（報到窗口於 JR 高屋站）

在 JR 高屋站報到

部分場次需預約

¥2,500

mogamigawa.jp

mogamigawa.jp/reservation

1. 坐遊船欣賞最上川周遭美景（圖片提供／山形縣）｜ **2.** 聽船夫美妙的歌喉｜ **3.** 坐著芭蕉丸順流而下賞玩風景（圖片提供／山形縣）｜ **4.5.** 順著川水而下，賞玩秋季楓葉美景（圖片提供／山形縣）｜ **6.** 乘船處附近蕎麥麵店「芭蕉庵」提供的美食

福島

FUKUSHIMA

福島縣面積為全日本第三，從東至西可大致分為三個地區：濱通、中通、會津，範圍非常廣大，沿岸與內陸在天氣、文化上多少有差異，例如沿岸地區不容易積雪、氣候較爽朗，內陸由於是盆地地形，夏天稍嫌悶熱、冬天的積雪量也非常可觀。

說到福島縣的美食，就要端出各地的特色拉麵了！其中以三大拉麵最有人氣，分別是會津地區的「喜多方拉麵」、中通地區的「白河拉麵」與「郡山拉麵」，光是郡山市的拉麵店就多達兩百多家，可說是拉麵激戰區。

此外，能與拉麵匹敵的福島名產，就非桃子莫屬了。降水量少、夏季悶熱、冬天寒冷的福島正符合桃子生產的絕佳環境，福島縣的桃子生產量、消費量都持續保持全國前三名，已是縣民愛不釋手的水果。其中，中通地區桑折町生產的桃子連日本皇室都喜愛，已連續25年被認可為獻給天皇的水果，因此稱為「獻上桃」。

擁有多樣性的福島，呈現出不同景色，尤其內陸地區，不需要到高山就能欣賞到壯觀的雪景，也因此有許多壯麗絕景地值得一訪，本章將介紹福島北部的兩個溫泉區，以及會津地區內的景點，一起來探究福島縣的美麗與奧妙吧。

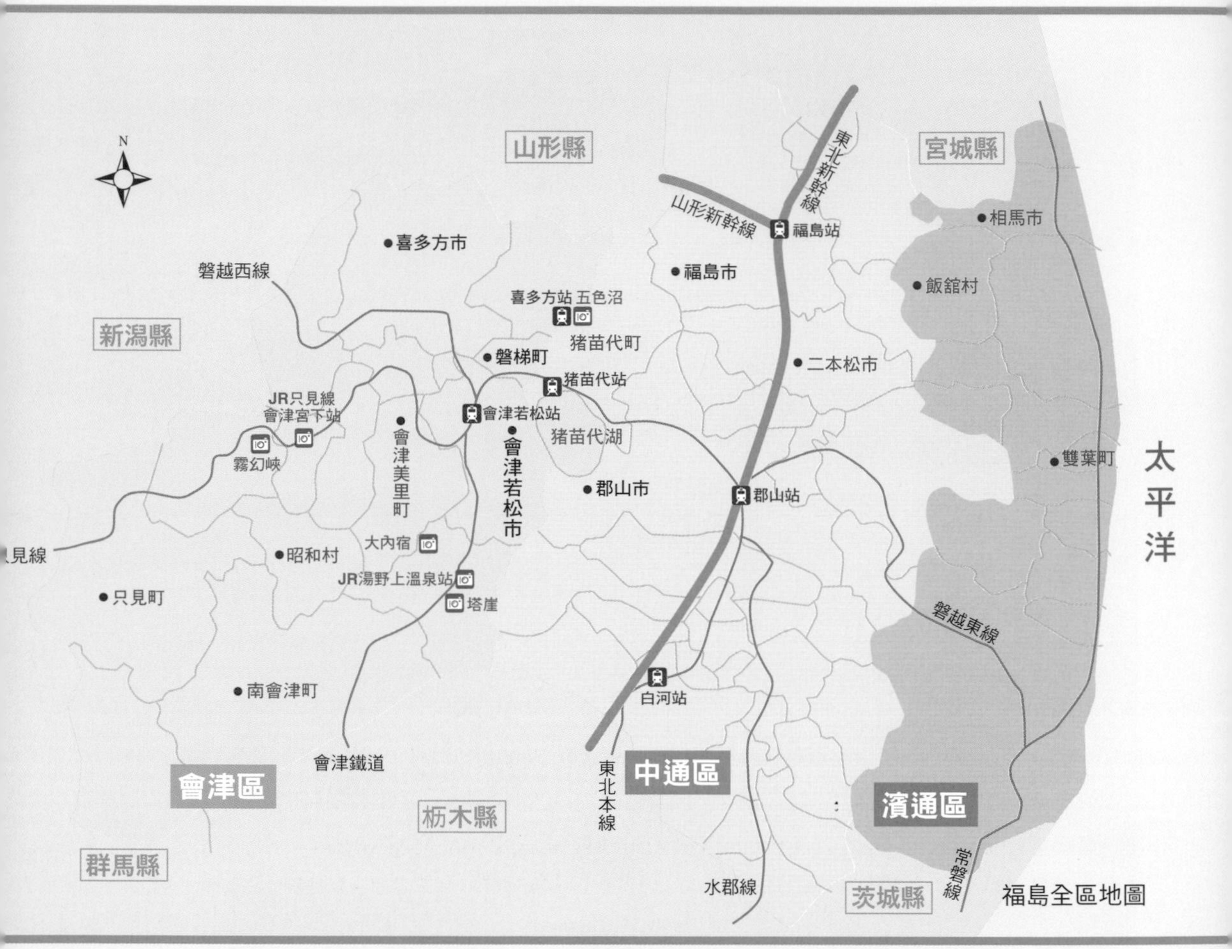

福島全區地圖

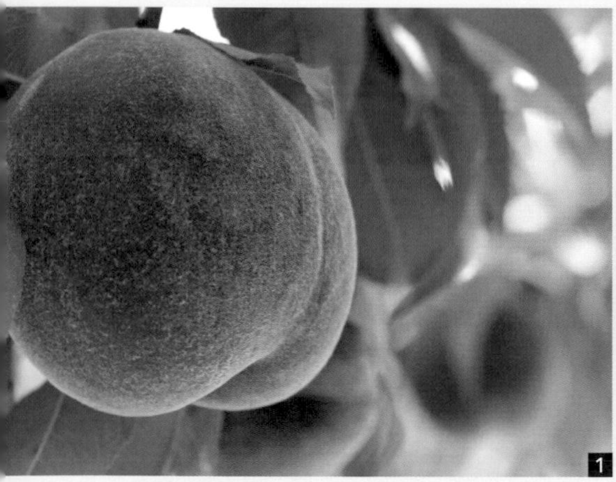

1. 福島縣的桃子多汁又香甜（圖片提供／福島市觀光 convention 協會） | 2. 喜多方拉麵，以醬油味的豬骨湯為特色，偏濃郁

福島縣交通

福島與山形一樣幅員廣闊，得先決定前往的目的地才能選擇適合的交通方式，尤其福島內陸地區沒有新幹線，電車班次與巴士路線也不多，建議先規畫好行程再選擇交通方式及相關優惠券。以下簡介由仙台車站往每個路線的車程時間，可作為行程安排的參考，更詳細的交通方式見各地區介紹。

地區／代表目的地	自駕車程（使用高速公路）	電車車程／票價	巴士車程／票價
二本松市／岳溫泉	88 分鐘	2 小時／ ¥4,350★	無營運
福島市／土湯溫泉	75 分鐘	71 分鐘／ ¥4,070★	無營運
會津若松市／會津若松站	2 小時	2 小時 11 分鐘／ ¥6,050	2 小時 25 分鐘／ ¥3,100

★需搭電車轉乘巴士。資訊如有異動，請以公告為準。　製表／邱文心

⊘ 推薦交通票券「會津ぐるっとカード」（會津二日卡）

會津二日卡可在兩日內搭乘以會津地區為中心的交通工具，包括 JR 電車、會津鐵道、會津巴士、磐梯東都巴士、會津市區街遊巴士（街遊巴士另有單獨的一日券，詳見會津地區介紹），可以前往五色沼、只見線、會津若松地區等，成人票價 ¥2,720，兒童半價，限連續兩天使用。

購買方式有兩種，一是使用當天購買、只能在當日使用的「本券」，二是事前購買「引換券」（兌換券）。事前購買引換券的人，最早可於使用前一天兌換「本券」，最後的兌換期限是購買後 2 個月。

★請注意：JR 猪苗代站、會津若松站、喜多方站、會津坂下站，都可辦理購買引換券、本券，以及兌換本券。其他購買地點詳見 http www.aizukanko.com/kk/aizucard/buy.htm。

引換券		本券
購買地點	**兌換本券地點**	**購買地點**
JR 東日本主要車站、日本各大便利商店、旅行社	郡山站、湯野上溫泉站、猪苗代站、會津若松站、喜多方站等福島縣主要車站或飯店	JR 車站僅猪苗代站、會津若松站、喜多方站、會津坂下站可購買，其餘可在東山溫泉觀光協會、七日町車站咖啡廳、Active Resorts 裏磐梯等飯店購買

★資訊如有異動，請以公告為準。　製表／邱文心

1. 會津若松站｜ 2. 喜多方站｜ 3. 會津二日卡

福島兩大絕景

只見線
Tadamisen

絕景 NO.1

路途再遙遠也要親見它的美麗！

被雪景、楓葉、綠葉包圍的只見線鐵道，是吸引許多鐵道迷、攝影迷朝聖的絕景地。只見線不便的地理位置，迫使旅人得長途跋涉才能親眼見證它的美，但看見電車駛過這幅絕景的瞬間，所有的疲累煙消雲散，這就是只見線的魅力所在。

只見線是屬於JR的鐵道，從福島縣會津若松站連結到新潟縣的小出站，共停靠36站。沿線有很多攝影點都值得探訪，若第一次前往，推薦前往「驛站尾瀨街道三島宿」拍攝「只見線第一鐵橋」，是交通相對方便，並有休息處的人氣場所。

道之驛「尾瀨街道みしま宿」
Oze Kaido isimajuku

尾瀨街道三島宿是只見線第一鐵橋拍攝點旁的道之驛（休息站），提供駕駛休憩之處，並販賣簡單的輕食及土產。

距離這個休息站最近的車站為「會津宮下」，從車站徒步至此需要花上30分鐘，夏天可以散步過去，但冬天下雪地面會結冰，不建議徒步前往，加上車站前通常沒有計程車，建議搭乘三島町的定期巴士。

於冬天從第一鐵橋拍攝觀景點拍攝的風景

⊘只見線第一鐵橋列車拍攝

站在尾瀨街道三島宿旁的觀景台所看到的「只見線第一鐵橋」，是「會津西方」與「會津檜原」兩站中間的橋梁，要拍攝列車經過的瞬間，可事前查好時刻表，等待電車經過的瞬間（大約5秒鐘）。來回方向都是經過同一個鐵橋，只要算好時間，就能拍到往不同方向行駛的電車。

由於冬季積雪等天氣因素，每年只見線的時刻表都有可能變更，建議出發前在官網上查詢最新資訊。

會津檜原站時刻表

前往會津檜原站的方向為「上行」

會津西方站時刻表

前往會津西方站為的方向為「下行」

只見線第一鐵橋觀景町營巴士

➡ 抵達JR「會津宮下」站後，可利用這條町營巴士路線，搭到驛站尾瀨街道三島宿，車程約5分鐘。巴士週一～六08:10從會津宮下站出發。回程從驛站的出發時間為10:20及13:20，由於回程座位必須先在尾瀨街道三島宿預約，記得在去程下車後先行登記。

http bit.ly/2CvzjjH

$ 單程成人¥500，12歲以下¥300

尾瀨街道みしま宿

http bit.ly/2VwffmZ

✉ 福島縣大沼郡三島町大字川井字天屋原610

☎ 024-148-5677

🕒 08:00～18:00

休 1/1～1/3

➡ 1. 從JR只見線「會津宮下」站徒步30分鐘。2. 搭町營巴士。3. 購買期間限定巴士套票（見P.145）

搭乘只見線的窗外風景

1. 峽谷景致｜2. 岸邊的民家｜3. 乘坐的小船

◎霧幻峽 Mugenkyo

乘著小船緩緩前進，位在福島金山町的霧幻峽也是觀看只見線的絕佳位置。每年6～8月期間，早晨的霧覆蓋了整條河川，夢幻的景象讓人感到奇特。

霧幻峽的小船曾經是連結河岸兩邊「三更聚落」及「早戶地區」的唯一交通工具，但在1964年經歷山崩後，村落也跟著消失，也沒有人繼續從霧幻峽渡河。直到2010年，在地有名的攝影師星賢孝想把不為人知的霧幻峽之美推廣給世人，開始與居民建造新的小船，終於在山崩後40多年，霧幻峽又開始迎接人們。

然而很不幸地，在重新啟航的隔年遇上了豪雨，破壞了小船的靠岸處，又讓霧幻峽沉寂了好一陣子。當地居民並沒有因此而放棄，在那之後經過6年的努力，2017年再次重新出發，船夫帶著元氣與笑容迎人，不只吸引當地人，也招來不少國內外旅客，一同在霧幻峽中悠哉地乘著船，進入這片如夢似幻的世界。

霧幻峽風光

霧幻峽乘船賞霧

如果想看被霧壟罩的霧幻峽，推薦預約容易起霧的日出與傍晚時段，然而，沒有霧的霧幻峽也很美麗，可以更加看清楚周遭風景，有時也能看到行駛中的只見線電車，不失一番風味。

★請注意：由於可以駕駛小船的船夫不多，建議在一週之前於官網預約，網路預約後必須等收到確認信才算預約成功，急迫的人可用電話諮詢(限日文)。

www.mugenkyo.info，預約小船點選「舟のご予約」
024-142-7211(金山町觀光協會)
4月底～11月中(冬季停駛)，每趟約1小時
2人以內¥6,000，每多1人加¥3,000
從JR只見線「早戶」站徒步15分鐘，或購買期間限定巴士套票(見下表)
霧幻峽採完全預約制，如欲取消須事先告知，否則仍得付全額費用

資訊案內所

只見線、霧幻峽推薦交通套票：

會津鐵道季節限定巴士

前往霧幻峽的交通方式目前還沒有固定的巴士路線，但「會津巴士」每個季節會推出期間限定的路線，「尾瀨街道三島宿」及「霧幻峽」是夏天的必備路線，而冬天及秋天也有不同路線，每年都會變更。使用此套票的好處是無須事前預約霧幻峽船隻，購買票券後，售票人員會確認是否要搭船，確認人數後會與船夫聯絡，非常方便。

會津巴士

www.aizubus.com/sightseeing/bus，點選「バスツアー奥會津を巡る旅」★
1. ★每年路線可能會更動，請以官網公告為準。2. 諮詢窗口：會津巴士站前案內所

1 會津巴士站前案內所

2 會津巴士於霧幻峽站的上下車地點

3 下車後沿著早戶溫泉「つるの湯」標示走

4 在溫泉門口與船夫會合

仙台 宮城 山形 福島

五色沼

Goshiki Numa

絕景 NO.2

漫步遊步道，
享受湖沼四季風情

五色沼位在福島縣的會津地區，並非指單一湖沼，而是整個「五色沼湖沼群」，由毘沙門沼、赤沼、青沼等大小湖泊所組成，是1888年磐梯山的火山噴發後所形成。由於這些湖沼中的礦物量不一，加上太陽的反射角度不同，使得湖中物質呈現出不同顏色，至今這些獨特樣貌成了有名的絕景地。若是夏天來，可在毘沙門沼租獨木舟（最多乘坐3人）。

交通方式

可從JR磐越西線「猪苗代」站或「喜多方」站，搭「磐梯東都巴士」（適用會津二日卡）抵達兩個入口。巴士班次不多，建議先決定最後回車站或飯店的時間，再往回推算，要搭哪班巴士抵達五色沼，才比較有效率。

前往五色沼磐梯東都巴士時刻表：

http www.lakeresort.jp/access

磐梯東都巴士時刻表

請至網頁最下方的「路線バスのご案内」點選「路線バス・シャトルバス時刻表」即可查詢到站時間。

五色沼地圖

1. 秋天的五色沼，樹葉染上了紅色及黃色｜ 2. 夏天的五色沼有著茂盛的綠葉｜ 3. 五色沼冰淇淋，在五色沼入口附近的商店販賣｜ 4. 五色沼約有30個湖沼，沿著健行步道散步可沿途慢慢欣賞

五色沼 Q&A

五色沼遊步道位在磐梯朝日國立公園內，步道長達 3.6 公里，有兩個出入口，分別是東側「五色沼入口」及西側「裏磐梯高原站口」。

Q：健行遊步道需花多少時間？
A：最短 90 分鐘，若想好好在各景點停留拍照，建議排兩個小時以上。遇上冬季的雪地會更難行走，積雪時建議以兩個半小時計算。

Q：要如何選擇出入口？
A：比較常見的走法是從五色沼入口進入，再從西側的裏磐梯高原站口出，搭巴士回車站。冬季如果忘記穿著長靴，可在五色沼入口旁的遊客中心租借，但必須當日歸還，因此抵達終點的裏磐梯高原站口後，也要搭巴士先回五色沼入口還鞋，再搭巴士前往車站或飯店。

Q：如何省下巴士轉車的時間？
A：五色沼離電車站很遠，若想更悠哉地遊逛，可選擇投宿於附近的旅館，也可善用旅館的行李寄放，以及免費接駁車站的服務，不但省錢也有效率。

範例行程

Day 1 — Start JR 猪苗代站 ⇒ 旅館免費接駁巴士 ⇒ 裏磐梯湖畔度假村

Day 2 — 裏磐梯湖畔度假村 ⇒ 徒步 3 分鐘 ⇒ 裏磐梯高原站口 ⇒ 周遊五色沼 ⇒ 五色沼入口 ⇒ 旅館免費接駁巴士 ⇒ 往裏磐梯湖畔度假村或 JR 猪苗代站、喜多方站 Goal

1. 積雪時告示牌都被埋沒了，小心不要迷路｜ 2. 積雪時建議穿著防滑防水長靴｜ 3. 喜多方站也能搭乘巴士前往五色沼｜ 4. 從猪苗代站出來右轉，就能看到往五色沼的巴士亭

從戰國到明治，尋找日本歷史痕跡

會津周遊推薦

Aizu

會津地區位於福島縣內陸，在奧羽山脈西側的位置，與福島縣東邊的沿海氣候完全不同，夏天酷熱、冬天寒冷，特別是積雪量非常多，以生活來說可說是十分嚴峻的氣候。但如此極端的氣候造出無數的美景，絕景篇的只見線、霧幻峽與五色沼都是位在會津地區。而會津若松是會津地區較為交通發達的地方，為會津若松城的所在地，這裡也被稱作「武士之鄉」，是戊辰戰爭、白虎隊、新選組等日本歷史重大事件的朝聖之地，歡迎對日本歷史有興趣的旅客來此一遊。

此外，超過千年歷史的「東山溫泉」、動漫鬼滅之刃的朝聖地之一「蘆之牧溫泉」都在會津若松，不妨在這裡的溫泉旅館住上一到兩晚，來趟悠閒的深度旅遊吧！

會津周遊景點推薦

1

2

3

4

5

1. 會津若松城下的櫻花盛景｜**2.** 會津若松站周遭的雪景｜**3.** 會津若松站前的白虎隊雕像｜**4.** 會津若松站非新幹線經過的車站，搭乘電車時必須從「郡山站」轉乘｜**5.** 會津若松地區的鄉土玩具「赤べこ」(AKABEKO)，也被作為除惡開運的吉祥物。(圖片提供／福島県観光物産交流協会)

如何從仙台前往會津地區

仙台往會津地區的交通工具只能靠普通電車或巴士，新幹線不能抵達。要遊玩這一帶，建議以會津地區的第一大站「會津若松」為起點。以下是前往會津若松站的方式。

出發地／交通工具	路線	車程／票價
仙台機場／巴士	**仙台機場站－會津若松站前** 會津巴士時刻表 -1 ★不需預約，在仙台機場 1 號巴士亭搭乘	3 小時 11 分鐘／¥3,300
仙台市區／巴士	**仙台站－若松站－鶴之城－御宿東鳳** 會津巴士時刻表 -2 ★不需預約，在仙台站東口搭乘	2 小時 25 分鐘／¥3,100
仙台市區／JR 新幹線＋電車	仙台站－JR 新幹線－郡山站－電車－會津若松	2 小時 15 分鐘／¥6,050

★資訊如有異動，請以公告為準。

製表／邱文心

會津若松地區交通方式

在會津若松地區旅遊可搭乘「まちなか周遊バス」會津市區街遊巴士，路線分成順時針「あかべぇ」(Akabe) 及逆時針路線「ハイカラさん」(Haikara-san)，會津市區主要景點飯盛山、七日町、鶴之城、東山溫泉等都能搭乘此巴士前往，搭乘一次 ¥210，一日券只要 ¥600，搭乘三次以上就划算。

購買方式：限使用當日購買
購買場所：會津巴士站前案內所、會津站前巴士亭、鶴之城天守閣等
時刻表：約 30 分鐘 1 班

會津巴士時刻表 -3

1. ハイカラさん街遊巴士｜**2.** 會津巴士站前案內所，可購買街遊巴士一日券

飯盛山
Iimoriyama

白虎隊的葬生處

飯盛山距離會津若松站2公里，是個可眺望城下町的小山，除了有當地龍澤村居民的共同墓地，還有白虎隊墳墓、義大利及德國贈送的紀念碑、螺旋堂、宇賀神堂、嚴島神社，是個有許多史蹟的地方，其中最有名的故事為白虎隊。

白虎隊與二本松少年隊的歷史相似，都是為了對抗當時的明治政府軍而組成的軍隊，隸屬會津藩的白虎隊是由15～17歲青年組成，共343人。可惜與少年隊一樣，無法抵擋猛烈戰火的攻擊，白虎隊獲知戰敗後，選擇在飯盛山集體切腹自殺，留下悲傷的結局。

飯盛山上設有白虎隊的墓碑（圖片提供／福島縣觀光物產交流協會）

- www.iimoriyama.jp
- 福島縣會津若松市一箕町飯盛山上
- 024-222-3163
- 24小時開放
- 搭會津街遊巴士至「飯盛山」，徒步5分鐘
- 20分鐘

螺旋堂
Sazaedou

去程回程不相見的雙重螺旋

螺旋堂位在飯盛山上，這個外觀看似詭異的建築呈現六角形的雙重螺旋構造，是世界唯一的「木造雙重螺旋建築」。建於1796年，最初是巡禮觀音堂，供奉西國三十三觀音像，由於是雙重螺旋，因此從入口走進去後，沒有頂端盡頭，到最高處後仍可繼續走，最後會抵達出口。之所以會這樣設計，是當年的住持為了讓前往參拜的人，與參拜結束的人不會相撞，確保安全的考量。

螺旋堂外觀，來找找看是哪兩層螺旋吧

- www.aizukanko.com/spot/138
- 福島縣會津若松市一箕町八幡滝沢155
- 024-222-3163
- 4～12月08:15～日落，1～3月09:00～16:00
- ¥400
- 搭會津街遊巴士至「飯盛山」，徒步5分鐘
- 30分鐘

鶴之城

Tsurugajo

難攻不落之城

鶴之城也稱作「會津若松城」或「若松城」。前身為黑川城，由蘆名直盛創建於1384年，1589年時被伊達政宗所攻下，而後相繼受蒲生家、上杉家、加藤家掌管。鶴之城的要塞堅固、地形複雜，1868年發生戊辰戰爭時，會津藩在鶴之城撐了足足一個月才被新政府軍攻陷，因此也有「難攻不落之城」的稱號。其實不只是能抵擋戰爭，在爆發戰爭以前，1611年會津發生大地震，震度高達6級，當時附近約2萬多戶房子倒塌，唯獨鶴之城毅立不搖，可見當時的築城技術之高超。

城內有5層樓，內部展示許多歷史資料，可以從最底層慢慢逛上去，在最上層可欣賞會津若松的市景。最推薦造訪的季節為春天，所在處的鶴之城公園內有千株櫻花樹，綻放時非常壯觀美麗，晚上配合櫻花季還有點燈活動，為期一個月。

1. 鶴之城內展示許多歷史資料(圖片提供／福島縣觀光物產交流協會)｜ 2. 鶴之城除了抵擋戰火又抗震，冬天厚重的積雪也承受得住｜ 3. 鶴之城是會津地區人氣賞櫻地，櫻花約4月中、下旬盛開

- www.tsurugajo.com/turugajo/shiro-top.html
- 福島縣會津若松市追手町1-1
- 024-227-4005
- 每日08:30～17:00(最後入場16:30)
- 成人¥410，小孩¥150。茶室麟閣共通券¥520
- 搭會津街遊巴士至「鶴之城入口」下車
- 1.5小時

大內宿

Ouchijuku

日本三大
茅葺合掌村
部落之一

走進大內宿，彷彿回到了江戶時期，這裡的房舍屋頂皆使用茅草鋪蓋，看不到任何現代高樓大廈。大內宿是江戶時期連結福島縣會津若松，及栃木縣日光今市的重要道路，當時道路兩旁的茅草屋，至今仍被保存完整。

之所以當年光景能延續至今，很大原因是來自居民的努力，1981年時，大內宿被指定為國家重要傳統建築，當地居民成立「大內宿保存會」，並確立「不賣、不借、不破壞」的住民憲章。

由於茅草屋的保存及修復需要仰賴職人的技術，面臨高齡化社會，技術傳承也成為課題之一，因此當地團體很積極組織民眾一起學習維護茅草的技術。靠著代代的堅持及後人的守護，才有我們現在所見的樣貌。

1. 走到大內宿最底，爬階梯上觀景台｜ 2. 在觀景台可以觀看大內宿的全景｜ 3. 冬天的大內宿，茅草屋可承受厚重的積雪｜ 4. 大內宿內有許多賣青蔥蕎麥麵的店家｜ 5. 青蔥蕎麥麵

最佳拍攝位置

推薦散步到大內宿到最裡面，有一段階梯後可以爬上去，在上面等待你的就是如同電影般夢幻的景色。網路上有這個位置的即時攝影機，可在出發前確認當天天氣。

即時影像
http www.shimogo-live.jp

3

一根青蔥蕎麥麵

在大內宿的店家大多是賣蕎麥麵，光是蕎麥麵不稀奇，但在大內宿，是直接用青蔥品嘗，據說在江戶時期，會津地區的蕎麥麵會獻給德川將軍品嘗，由於當時覺得「切斷」不吉利，因此就不切青蔥，與蕎麥麵一起呈上。大內宿的餐廳，幾乎都有提供一根青蔥蕎麥麵，究竟青蔥能不能代替筷子吃蕎麥麵，來試試看就知道囉！

4

5

交通方式

❶ 從湯野上溫泉（見P.154）搭計程車，約10分鐘。

❷ 搭乘巴士「猿游號」，僅能購買一日券（¥1,100），可在範圍內無限搭乘，行駛日期及時刻表隨時更動，出發前請在大內宿官網查詢最新資訊，
http ouchi-juku.com/detail/company_622.html

❶ 觀光巴士：會津鐵道會依季節推出不同路線的巴士，春夏為觀光路線巴士，按照時刻表搭乘即可；冬天則是半日遊方案，必須事前預約，每年資訊會更動，出發前請在會津巴士官網查詢最新資訊（點選擇有大內宿的方案）。
http www.aizubus.com/sightseeing/bus

http ouchi-juku.com
✉ 福島縣南會津郡下郷町大内字山本
☎ 024-168-3611
🕒 多數店家為 09:00 ~ 17:00
休 無（可能有店家例外）
$ 參觀街道免費，各店家收費各異
⌛ 1.5 小時

湯野上溫泉站

Yunokami Onsen Station

稀有的茅草屋車站

湯野上溫泉站位於會津鐵道上，不少遊客為了朝聖這棟茅草屋車站，特地在這裡下車。到了冬天，車站會點燃圍爐裡的火，並提供免費茶水，讓旅客避寒。1987年，當時正值國營鐵道轉私鐵時期，為了配合鄰近的大內宿，也將車站改建成茅草屋。湯野上溫泉車站的看點除了茅草屋之外，月台旁的櫻花樹也是春天的旅遊重點之一。可從這裡搭巴士到大內宿，也可徒步5分鐘至附近的景點「塔崖」。

湯野上溫泉站外觀

- http www.aizutetsudo.jp/station/yunokamionsen
- ✉ 福島縣南會津郡下郷町大字湯野上字大島乙 74
- ☎ 024-168-2533
- ⏲ 車站首班車 05:53，末班車 22:42。售票窗口 08:30～17:00
- $ 參觀圍爐裏免費，進月台需要購買乘車券
- ➡ 搭會津鐵道至「湯野上溫泉」站
- ⌛ 20 分鐘

塔崖

Tonohetsuri

千變萬化的斷崖

塔崖因有著形狀特殊的斷崖，在1943年被指定為國家天然紀念物，這裡的岩石是2千8百萬年～1百萬年前從地底的凝灰岩、頁岩所堆積而成的，經過幾萬年的風化、侵蝕形成現在所見的凹凸形狀。可從入口處望向這長達200公尺的斷崖，也可從溪谷的吊橋走到斷崖底下，近距離觀察岩石的側面。

綠油油的夏季及布滿通紅楓葉的秋季，是最推薦的旅遊季節。春季時，雖然葉子還沒長出來，但反而能清楚觀察岩石的樣貌；到了冬季，雖然被雪覆蓋的岩石也美麗，然而吊橋會封閉，不能走近觀看，稍嫌可惜。

- http shimogo.jp/sightseeing/tonohetsuri
- ✉ 福島縣南會津郡下郷町弥五島字下夕林
- ☎ 024-168-2920
- ⏲ 24 小時開放。吊橋冬季禁止通行
- ➡ 搭乘會津鐵道至「塔崖」站，徒步 5 分鐘
- ⌛ 30 分鐘

塔崖

濃郁醬汁與高麗菜絲

必吃美食醬汁豬排丼飯

Sosu Katsudon

在剛炸好的豬排上淋上特製濃郁醬汁，「醬汁豬排丼飯」是在日本常見的美食之一。在會津，豬排特別大塊、鋪滿整個碗，醬汁則是由各個店家特製，濃郁的醬汁是會津若松的特色，讓人一口接著一口，超級下飯。此外會津的醬汁豬排丼飯另一個特色就是在豬排及白飯中間鋪上一層高麗菜絲，由於醬汁濃郁，搭配高麗菜絲剛剛好，不會太過膩口。市內有許多餐廳都有提供，其中推薦「TON亭」（とん亭）及創業60年以上的「Nakajima」（なかじま）。

1.2. 醬汁豬排丼飯

駅カフェ

Eki Café

七日町無人站中的大正浪漫

日本有許多無人車站，意思是車站內沒有常駐職員，它們多為鄉下的鐵道站。距離會津若松站僅一站的七日町站就是無人站，但裡面卻有一家賣雜貨、咖啡與甜點的店鋪，名叫駅カフェ（車站咖啡廳）。

咖啡廳販賣許多會津地區製造的商品，想休息一下的話，可以在咖啡廳享用點心與咖啡，沖煮咖啡的水是來自福島磐梯山的伏流水，小小細節都不馬虎。在小小的無人站中，溫暖的大正浪漫咖啡廳靜靜等著旅人的到來。

1. 七日町站外觀｜2. 看板｜3. 每日會更換不同的蛋糕套餐

http www.aizukanko.com/gourmet/18
福島縣會津若松市七日町 5-1
024-239-3880
09:00～18:00 休 元旦
蛋糕套餐 ¥600
JR 只見線至「七日町」站，或搭會津街遊巴士至「七日町站前」

在兩大溫泉街悠閒散步

福島縣北周遊推薦

Ken Hoku

福島縣北部比起會津地區知名度較低，但觀光資源也十分豐富。福島縣北部有兩大溫泉地——岳溫泉及土湯溫泉，兩地距離僅約車程15分鐘，推薦自駕的旅客一次安排這兩個溫泉行程。岳溫泉有知名的賞櫻景點、歷史遺跡二本松城，土湯溫泉則像個祕境般觀光客較少，並保有豐富的自然資源，值得旅客放慢腳步遊玩的好所在。由於位置距離宮城縣不遠，適合從宮城縣前往安排當天來回或是兩天一夜的旅程。除此之外，東北六大祭典之一的「福島草鞋祭」就是在福島縣北的福島市舉辦，夏天前來的旅客千萬別錯過了！

福島縣北
周遊景點推薦

1. 二本松城前的少年隊雕像｜**2.** 土湯溫泉｜**3.** 二本松市每年 10 月舉辦的提灯祭典（圖片提供／福島縣觀光物產交流協會）｜**4.** 福島市每年 8 月舉辦的「福島草鞋祭」（圖片提供／福島縣觀光物產交流協會）｜**5.**「吾妻小富士」為位於福島縣北的火山，為吾妻連峰之一

岳溫泉

Dakeonsen

超過千年歷史的酸性泉

岳溫泉位於海拔1,500公尺的安達太良山高原，從泉源牽引到溫泉街的距離長達8公里，在牽引的過程會讓溫泉降到對身體適中的溫度，因此岳溫泉的溫度不會太高，非常舒適。岳溫泉從平安時代就被發掘，到江戶時期演變成熱鬧的溫泉街。泉質更是日本天然湧泉中少見的酸性泉，無味、無臭、透明、有抗菌效果，適合異位性皮膚的人，但刺激性較強，不建議皮膚乾燥的人泡。

http www.dakeonsen.or.jp

交通方式

若要利用大眾交通工具，請參考以下路線，並請留意必須從JR二本松站搭乘巴士，才能抵達岳溫泉。

❶ 仙台站 — ❷ 福島站 — JR東北本線（22分鐘，¥420）— ❸ 二本松站 — 福島交通巴士（25分鐘，¥500）— ❹ 岳溫泉

仙台站往福島站的方式

❶ 搭JR新幹線（21分鐘，¥3,210）

❷ 搭JR東北本線（83分鐘，¥1,340）

❸ 搭直達巴士（75分鐘，¥1,200）

巴士時刻

仙台站—福島站：

http www.fukushima-koutu.co.jp/highway/02_05.html，見頁面中段的「時刻表」

二本松站—岳溫泉：

http www.dakeonsen.or.jp/access.stm，點選「路線バスの時刻表」

仙台站—福島站交通時刻表

二本松站—岳溫泉交通時刻表

1. 岳溫泉的溫泉街入口｜2. 岳溫泉足湯

岳溫泉景點

櫻坂・鏡之池公園

Sakura Saka・Kagamigai Koen

春季必來景點

鏡之池公園是岳溫泉象徵景點之一，公園內的湖面映照著安達太良山，因而得名。除了有湖泊及噴水池，還有自然步道、庭園、兒童遊具等，是個適合全家大小的自然親子公園。雖然冬天是泡溫泉的好季節，但最推薦微涼的春天到訪岳溫泉，到了櫻花時期，鏡池公園周圍的300棵櫻花樹一同綻放，十分美麗。而更不能錯過的，是岳溫泉的溫泉街到鏡之池公園的街道「櫻坂」，種滿50株染井吉野櫻的200公尺步道，也是岳溫泉著名的賞櫻名處，在櫻坂的途中，還有免費足湯可以體驗，是個可以悠閒散步的好去處。

bit.ly/2CKJctX
二本松市岳溫泉
024-355-5130
24 小時開放
從 JR「二本松」站搭岳線巴士至「岳溫泉」下車，徒步 3 分鐘
40 分鐘

1. 櫻花盛開時的櫻坂（圖片提供／福島縣觀光物產交流協會）｜ 2. 鏡之池公園

資訊案內所

安達太良山

安達太良山是位於福島縣中部的活火山，為日本百大名山之一，是著名的賞楓地及滑雪勝地。從岳溫泉開車約 10 分鐘可抵達登山口，可行走於規畫良好的健行步道，也可搭纜車欣賞山上景色。

晴朗時可看見鏡之池公園湖面映照安達太良山（圖片提供／一般社團法人岳溫泉觀光協會）

二本松城

Nihonmatsujuou

流傳後世的悲劇歷史

二本松城是日本百城之一，經歷了東北各地武將的管轄，留下不少精采、卻也悲傷的故事。

在戰國時期，二本松是個一直被伊達家覬覦的土地，在伊達政宗成為仙台藩藩主之前，曾攻打過這裡，當時的城主二本松義繼雖然想投降，但不被政宗接受，義繼就趁拜訪宮城時，綁架了伊達政宗的父親伊達輝宗，後來被政宗追上，不但射殺了義繼，也射殺了自己的父親，即是有名的「鄘粟之巢事變」，不過當時沒有成功拿下二本松，是於隔年再次發動攻擊，才成功攻下，收為伊達家領地。

而後在豐臣秀吉的命令下，二本松城被收為會津城的支城，陸陸續續經歷了蒲生家、上杉家、加藤家的掌管，看似亂世平息下來之際，爆發了江戶幕府對抗明治新政府的「戊辰戰爭」，二本松也為了與新政府軍對抗，招募了12~18歲的少年組成了「少年隊」。無奈戰力懸殊，抵擋不了新政府的強大攻勢，1868年7月29日，二本松城被攻陷，二本松藩高達337人戰死，少年隊也幾乎全數犧牲，成了流傳後世的悲歌。

二本松城現在為霞之城公園的一部分，可觀摩重建的石垣、城門，城內整備得很好，天氣晴朗時適合慢慢一邊散步，一邊觀察各式遺跡，並可從最高處的天守台，一望二本松市景。

1. 二本松城｜ **2.** 從最上層欣賞二本松市景

- www.nihonmatsu-kanko.jp/?p=672
- 二本松市郭內 3-232
- 024-355-5122
- 每日 09:00～17:00
- 免費
- 從 JR「二本松」站徒步 20 分鐘
- 60 分鐘

土湯溫泉

Tsuchiu Onsen

一探祕境溫泉地

土湯溫泉位在福島市安達太良峰的半山腰，從福島車站搭巴士約40分鐘可達，由於擁有多個源泉，所以大部分的旅館都有自己的源泉，泉質與效果不盡相同，包含碳酸水素鹽泉、單純泉、硫磺泉等。如果再往深山走，還有更多祕湯，包括鷲倉溫泉、赤湯溫泉、野地溫泉等。

土湯溫泉街比起其他觀光興盛的溫泉街，氣氛更為懷舊，雖然位在福島市區，卻能有隱居山林的清幽感。以下就來介紹土湯溫泉街附近的景點，一同來探索擁有豐富自然風景的土湯溫泉吧！

交通方式

若要利用大眾交通工具，請參考以下路線，並請留意必須從福島站搭乘巴士，才能抵達土湯溫泉。仙台站前往福島站的方式可參考 P.157。

① 仙台站 — ② 福島站 — 福島交通巴士（40 分鐘，¥860）— ③ 土湯溫泉

巴士時刻

福島站—土湯溫泉：

http bit.ly/2WEnMG5

福島土湯

1. 土湯溫泉街由一條小河分成兩側，有純樸的氣氛｜ 2. 土湯溫泉的木芥子人孔蓋

土湯系木芥子

土湯溫泉與宮城縣鳴子溫泉、遠刈田溫泉並列東北木芥子的三大發源地，土湯系的木芥子有兩大特徵，一個是在頭髮與眉毛間畫上紅色的髮飾，另一個就是在頭頂上畫一個空心圓後，裡頭畫一個實體圓，因為這種圖案很像蛇的眼睛，因此在日文被稱作「蛇之目」。（東北木芥子介紹見 P.98）

進入土湯溫泉，有龐大的木芥子迎接客人

男沼・女沼

Onuma・Menuma

自然步道賞美景

土湯溫泉區有許多花草及自然步道，值得一訪的徒步行程為「男沼女沼健行路線」，走完全程約1.5小時，在春夏季節到訪的話，可觀賞到豬牙花、水芭蕉等植物；秋天時湖沼旁的楓葉搭配微涼的秋風，是最推薦的健行季節。

傳說男沼與女沼是在數千年前，一場極大的風雨侵蝕了河川而形成的，比起熱門的賞楓地，這裡相對隱密，適合想避靜的旅客，由於從土湯溫泉街到健行步道沒有公共交通工具，建議自駕前往，也可以請旅館或觀光協會叫計程車。

1. 女沼步道沿途的「回憶瀑布」 | 2. 女沼散步道的指示 | 3. 男沼

風花
Fuka

斜槓木工職人打造的起司工房

還沒走進店裡，就會被入口的庭園所吸引，環境裝飾得可愛、不浮誇，像是新開的店一樣。老板過去是木工職人，原本在二本松市其他地方販賣手工木製雜貨，當時在雜貨店設置簡易咖啡廳，卻發現比起木製品，咖啡廳更能吸引客人，因此決定改行製作甜點，並使用福島安達高原生產的牛奶開發特製起司蛋糕。

老板橋本和吉一曾吃遍各地的名店也尋不到喜歡的味道，經過了不停地嘗試、試吃，才終於做出自己也滿意的起司蛋糕，連不愛起司蛋糕的客人也讚賞不已。來到岳溫泉或土湯溫泉，推薦泡完溫泉後來吃一塊美味的起司蛋糕！

- http www.fuka-co.jp
- 二本松市大関 438-7
- 024-324-2965
- 09:30～17:30（最後點餐 17:00）
- 休 可能臨時休息
- $ 起司蛋糕 ¥420 起
- 從 JR「二本松」站搭岳線巴士至「岳溫泉」，徒步 20 分鐘

1. 窗台的布置也很可愛｜**2.** 起司布丁，可以外帶回去慢慢享用｜**3.** 風花外觀

椏久里珈琲

Agri Coffee

特別介紹！

「椏久里咖啡」為巴哈咖啡館系列之一，巴哈咖啡館是被譽為日本咖啡教父、現任本精品咖啡協會（SCAJ）會長田口護所創立。巴哈咖啡館位於東京，是眾多咖啡迷的朝聖名店之一，除了東京以外，日本各地都有由受過培訓的學徒們獨立開的咖啡廳，位在福島市區中的椏久里咖啡即為其中一間。椏久里咖啡最初以販賣蔬菜起家，因此使用農業的英文Agriculture中的「Agri」作為店名，之後跟隨田口護鑽研咖啡知識，於1992年獨立開創屬於自己的咖啡館，至今已開業10年，咖啡使用自家烘焙咖啡，不只咖啡好喝，手作麵包及蛋糕也十分有人氣，麵包共有5種每天更換。來到福島縣北，不妨來這嘗一杯手沖咖啡配蛋糕，最後再買些麵包在回程路途上品嘗吧！

1. 需從福島站搭乘巴士才能抵達椏久里咖啡｜ **2.** 店內環境讓人放鬆｜ **3.** 從 09:30 開始營業，作為早餐也很適合｜ **4.** 店內有 20 種單品、8 種綜合咖啡可選擇

- http www.agricoffee.com
- 福島縣福島市東中央 3-20-2
- 024-563-7871
- 09:30 ～ 19:00
- 休 每週二及每月第一個週一
- $ 咖啡 ¥510 起
- 從 JR「福島」站西口搭乘巴士庭坂線至「野田中央公園」，徒步 3 分鐘

把在地名產打包回家！

福島土產

柚餅子

Yubeshi

福島日式
甜點代表～

「かんのや」（菅野屋）擁有百年歷史，是福島縣家諭戶曉的大品牌，其所生產的甜點「家伝ゆべし」（家傳柚餅子）是福島的代表土產之一。柚餅子是東日本地區的傳統日式甜點，作法為使用核桃或柚子製成餅皮後，再加入紅豆泥等內餡，最後捏製成四角形。然而，菅野屋的「家傳柚餅子」使用的餅皮比一般柚餅子薄，形狀也是獨特的三角形，打破傳統的柚餅子作法，卻在福島土產業界中占有一席之地。

菅野屋也有推出其他口味的柚餅子，包括傳統的核桃口味、季節性的櫻花口味，還有用加入會津地區山鹽的口味，因應季節與地區的特徵不斷推出新產品。

Where to buy

福島縣各大車站、
土產店

福島桃和菓子

菅野屋還有使用福島桃子製成的日式甜點，稱為「桃和菓子」。桃子餡夠飽滿，但不會太過黏膩，桃子造型也非常可愛，很適合送禮。

1

2

3

1.2. ままどおる牛奶餅輕巧好拿又便宜，想分多人食用時的好選項為重要場合的招待點心｜**3.** 宮城有荻之月，福島有柚餅子。柚餅子的造型是參考鶴展開雙翼的樣子

ままどおる

MAMADOR

不會太甜的
牛奶餅～

喜歡簡單一點的點心，可以考慮福島老牌「三万石」推出的「ままどおる」，mamador這個字在西班牙語是「喝奶的小孩」的意思，牛奶口味的內餡順口滋潤，是小孩也會喜歡的甜點，對於不喜歡太甜的和菓子的人甜度也非常剛好。

Where to buy

福島縣各大車站、
土產店

酪王 カフェオレ

Rakuou Café au lait

歷久不衰
人氣飲品～

福島的飲料中，「酪王咖啡歐雷」幾乎是人手一罐，1976年發售以來人氣不減，暢銷的祕密是用了50%以上的牛奶，牛奶的甘甜配上咖啡的芳香，絕妙的平衡深受各年齡層的喜愛。在福島從便利商店、醫院、自動販賣機都有販賣，容量也非常多樣，是福島人的日常飲料。

不喜歡喝咖啡的人，也有相關產品可以選擇，例如咖啡歐雷口味的餅乾、冰淇淋、甜甜圈等。在福島旅遊時，不妨品嘗一下享譽日本的酪王咖啡歐雷吧！

1

2

1. 基本款咖啡歐雷
2. 草莓口味也很受歡迎

Where to buy

福島縣各大車站、土產店、便利商店

檸檬 チーズタルト

CHEESE TART LEMO

和菓子老鋪的
西式甜點～

福島「柏屋」一直深受當地人喜愛，本來是以和菓子饅頭起家，現在這款西式檸檬起司塔的人氣直追而上，檸檬風味的鮮奶油為最大特徵，包裝亮麗簡單，適合送禮，也可以只購買單個，一個人過過癮。起司塔不容易倒塌，切一半形狀也能維持住，也不容易掉屑，賞味期限長達15天，帶回國後還能與親朋好友一起悠然分享。

Where to buy

福島縣各大車站、土產店、仙台站B1土產區

3

4

3. 包裝亮麗，識別度高｜4. 不容易倒塌，適合作為重要場合的招待點心

福島文化體驗

◎繪原湖冰上釣魚

福島縣的冬天被厚厚的雪覆蓋，想玩雪上運動，但又覺得滑雪難度太高，不妨來體驗冰上釣魚及雪上健行，都是簡單上手並可以享受雪地樂趣的活動。福島縣熱門的冰上釣魚的地點在「檜原湖」，位在絕景篇介紹的五色沼附近，冰上釣魚是在結冰的湖面上打洞，將釣具垂至湖中釣魚的體驗。有人會在結冰的湖面搭帳篷、自己挖洞釣魚，觀光客可報名舉辦有提供釣具的釣魚體驗行程，大部分業者會事先在冰上設置小屋，不用自己搭帳篷也能在有屋頂的地方體驗冰釣。

在檜原湖可以釣到公魚，其中「GOLD HOUSE 目黑」有提供將釣到的魚炸天婦羅的服務，就算完全沒有釣到也不用擔心，店家會準備一些事前釣到的公魚給客人，同樣可以跟其他人一起享用新鮮公魚的美味。

◎雪鞋健行體驗

「雪鞋健行」是一種可以在雪地上自由行走的體驗，在穿一般鞋子會陷進去的雪地中，穿著專用的雪鞋就可以走在積雪很深的地方，原理是將人體重量分散在更大的面積，因此不擅長運動的人也能輕易上手。福島縣在冬天雪下得很多，

1

2

3

資訊案內所

可體驗繪原湖冰上釣魚業者

GOLD HOUSE 目黑：
http gmeguro.com/driveinn/wakasagi/
（僅接收預約）

檜原西湖畔露營場：
http https://www.hibara-ac.com/info/
（可網路預約）

Yamagucchi：
http https://yamagucchi.com/
（可網路預約）

尤其內陸積雪更深，因此有許多地方都能體驗雪鞋健行，其中以達澤不動瀑布、裏磐梯、五色沼最為熱門。雪鞋可以在觀光協會等設施租借雪鞋自行前往探險，另外也能報名當地體驗行程，可以走得更有效率也更安全。

雪鞋健行體驗建議透過飯店報名，可找有提供雪鞋健行體驗的飯店住宿。

★裏磐梯附近的飯店推薦：裏磐梯 LakeResort、裏磐梯高原飯店、休暇村裏磐梯、裏磐梯 Lakeside inn Beehive

資訊案內所

雪鞋租借處

裏磐梯遊客中心（裏磐梯ビジターセンター）

- 福島縣耶麻郡北塩原村大字檜原字劍ヶ峯 1093-697
- 0241-32-2850
- 09:00～16:00
- 休 週二
- ¥1,500
- urabandai-vc.jp/facility/rental/

休暇村裏磐梯

- 福島縣耶麻郡北塩原村大字桧原字劍ヶ峯 1093-697
- 0241-32-2850
- 07:00～日落
- 休 無
- ¥880～¥2,200
- www.qkamura.or.jp/bandai/ski/

5

4

6

1.2. 冰上釣魚｜ 3. 專用雪鞋｜ 4. 雪鞋健行｜ 5.GOLD HOUSE 目黑｜ 6. 前往達澤不動瀑布途中

東北常用交通方式

在日本東北旅行，若希望能不受時間限制移動，你可以選擇自駕，但若對於左駕或找路有顧慮，搭新幹線便是非常方便的旅遊方式，再搭配JR PASS可大幅減少時間及金錢，但可別不小心搭錯車，搞亂了行程。以下介紹請詳讀，將可讓你的旅程更順暢！

搭乘JR EAST

JR PASS是JR電車推出的外國人觀光客專屬優惠票券，在東北旅遊最常使用的為「JR EAST PASS」，中文名稱為JR東日本鐵路周遊券（東北地區），範圍從東京~東北，可搭乘JR經營的所有鐵路（包含新幹線），除了東北各縣之間的移動之外，也適合來回東京使用。

⊘ JR EAST PASS

票價：票價：成人¥30,000，兒童¥15,000。

使用方式：只要持有非日本國籍的護照，不限制簽證種類，就可以在自行指定的開始日連續使用5天。

日本購買及兌換地點：成田機場、東京、東北各大JR車站的「JR東日本服務中心」。東北地區的兌換資訊可參考下表。

適用路線：

❶ 地區範圍內的JR所有普通電車及新幹線

東北地區可購買、兌換 JR EAST PASS 票券的地點

地點	購買與兌換	兌換網路上預約指定席	營業時間
仙台站	○	○	08:30～19:00
秋田站	○	○	09:30～17:30
盛岡站	○	○	10:00～17:30
山形站	○	○	
福島站	○	○	
青森站	○	○	
八戶站	○	○	僅設置售票機，無窗口

★ 1. 每站的營業時間及公休日不一，建議抵達機場時提早購買，或兌換票券，以免在預定使用日前無法取得票券。
2. 以上資訊如有異動，請以公告為準。製表／邱文心

❷ **部分JR東北巴士**

❸ **部分私鐵：**伊豆急行線、青之森鐵路全線、IGR岩手銀河鐵路、東京單軌電車、仙台機場鐵道線。

JR東日本鐵路周遊券

http www.jreast.co.jp/tc/eastpass_t

JR East 官網

指定席預約網站

http www.jreast.co.jp/tc（點選右邊「JR東日本網路訂票系統」）

JR East 購票

東北新幹線須知

• 三種車種無自由席

東北新幹線列車有三種車種為全車指定席，分別是「はやぶさ」(Hayabusa)、「小町」(Komachi)與「はやて」(Hayate)，一定要事前劃位，若碰到日本連續假期，更要提早預約(可於1個月前在網路訂位)。

• 留意兩車分離

有部分往函館的「はやぶさ」車輛，會在中途跟往另一條路線的車輛分離，其中，與往山形的「つばさ」(Tsubasa)在福島站分離，與往秋田的「小町」在盛岡站分離。若是返回東京的路線，則是會在上述兩站，將兩段列車連結之後，再前往東京。

要注意的是兩段會分離的車輛中間沒有通道，所以上車時一定要入座正確的車廂，尤其若是搭自由席時，更是要特別留意。

★關於以上兩點的因應對策，最好的作法就是事前劃位。尤其使用JR PASS時，指定席劃位、臨時更換時刻都無須另外加價，但如果不清楚自己搭的班次是否為兩車分離的列車，直接劃位最保險。

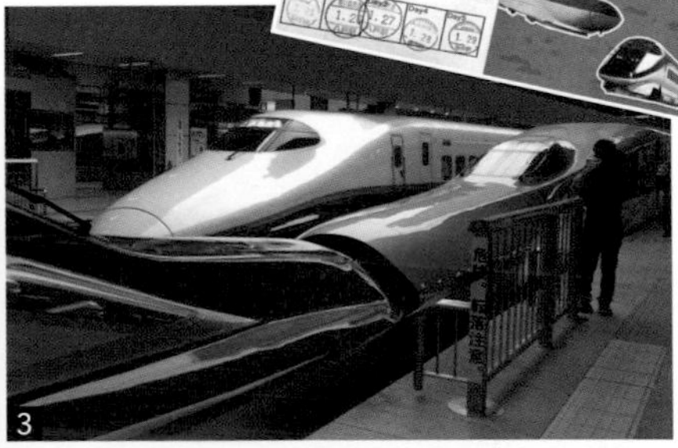

1.JR EAST PASS 票券｜2. はやぶさ列車(圖片提供／一般社團法人東北觀光推進機構)｜3. 鏡頭前方綠色車輛為はやぶさ，後方紅色車輛為小町、藍白相間車輛為つばさ

自行駕車

有些景點透過自駕前往會更有效率，尤其在電車不密集的東北地區，自駕旅行也是一個好方法。然而，在不熟悉的環境開車得需多加小心，認識當地交通規則更是重要。

⃠ 在日本自駕該準備什麼？

一、申請駕照日文譯本

台灣：至監理所親辦，或監理服務網網路申辦。

日本：臺北駐日經濟文化各代表處，或一般社團法人日本自動車聯盟。

二、上網預約租車

租車當天出示駕照正本、日文譯本、護照正本以辦理租車手續。

⃠ 票券推薦：過路費吃到飽「Tohoku Expressway Pass」

日本的高速公路過路費不便宜，若行程會行經高速公路，推薦使用外國旅客專用的「Tohoku Expressway Pass」（簡稱TEP）。TEP不可單獨租借，一定要在租車行辦理租車手續時一併租借，可自選連續2～14天使用，價格根據使用天數制定，需在購買時指定天數。相較於過路費原價，TEP價格非常划算，購買的天數越多，平均下來單日的價格越划算。

過路費價格查詢

http kosoku.jp（**時段不同價格不同，請配合實際旅程安排**）

TEP價格表及可承辦的租車行

http www.driveplaza.com/trip/drawari/tep2015/ch.html

1. 直立紅路燈的設計是避免被積雪壓垮｜ 2. 道路旁紅白相間的柱子，是讓駕駛人分辨道路邊界的交通標誌｜ 3. 雨刷有可能被積雪壓斷，停在室外時記得立起來

• 適應右駕

日本與台灣的駕駛方向不同，是右駕、靠左行駛，而雨刷及方向燈的開關位置也相反，租到車時，記得先熟悉這些車上設備。轉彎時，也請記得不要跑錯車道。

• 務必停讓行人

根據日本的道路交通法規定，無論是否有斑馬線都必須停讓行人，車子必須完全停止，優先讓行人通過，違反者可處 5 萬日圓以下的罰金。

• 鐵路平交道前務必停車

在過平交道前，務必要先停車再通過，這與台灣的減速慢行有很大的差異，即便四下無人、無車，也一定要煞車踩到底，才能通過平交道。

• 發生事故務必通報警局與租車公司

如果不幸發生事故，無論損害大小、有無受傷，都一定要當下聯絡警察局以及租車公司，自行拍照留存，與對方互留聯絡資訊，並配合事故調查，才能獲得應有的保障。

• 雪地駕駛注意事項

雪白的景色是許多人嚮往的旅行風景。但在冬天前往東北自駕，最怕的就是在雪地失速滑行，記得留意以下幾點，讓自駕旅程更安全、順利。

1. 換上雪地用的雪胎：
   基本上在冬季期間，租車行的車已換上雪胎，但還是記得要事前確認。

2. 減速行駛、保持安全距離、勿急踩煞車：
   雪地行駛最怕結凍的路面，會比一般積雪更滑、更危險，務必減速慢行，且切勿急踩煞車，否則更容易失速，一切以「慢慢來」為原則。另外，要預留比平常更寬的安全距離，也能避免滑行失速時撞上前方人車。

3. 寬鬆安排行程：
   放慢速度會讓預計的移動時間變長，因此在安排行程時要讓交通時間更充裕，千萬別為了搶快而發生憾事。

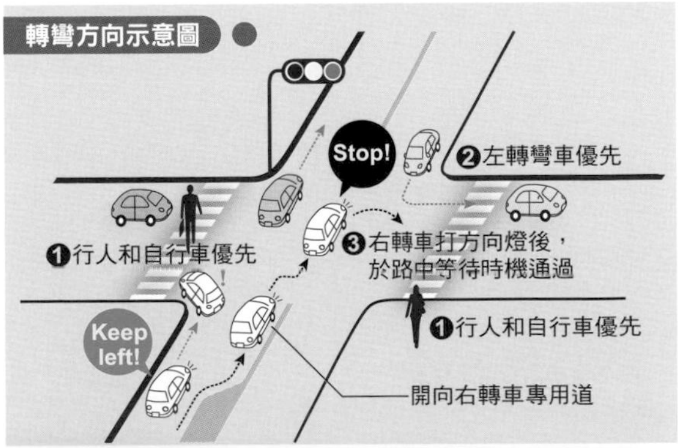

（繪圖／余淑真）

南東北櫻花景點

仙台法運寺

山形德良湖

仙台陸奥國分寺藥師堂

南東北 楓葉、銀杏景點

仙台定義山西方寺

宮城鳴子峽

山形綜合運動公園

實用小幫手

自駕推薦

Google Map

優點：①隨時更新道路資訊：東北地區由於經歷 311 震災，有不少道路仍在重建中，google map 會不時更新資訊，可導覽最快路徑。②中文語音導覽：自駕時若用不慣車子內建的日文導航，建議使用 google map 的中文語音導覽，以減少語言不通帶來的風險。

缺點：無法直接查詢指定車站的時刻表，也不能儲存多個路線。

自駕推薦

Tabirai

Tabirai 為租車比價網，會根據預計的旅程日期、出發車站或機場等條件，比較各大租車行的價格，App 也會顯示各租車行的相對位置，可依照自己的需求選擇適合的租車行。也可使用網頁版查詢。網址：www.tabirai.net/car/。

計程車

Uber 計程車

優點：與 DiDi 相同，可在台灣事前認證及綁信用卡付款，台灣的 Uber 用戶可直接在仙台使用。

缺點：目前 Uber 在東北地區提供的範圍只有東北的大都市。

轉乘工具

YAHOO! 乘換案內

優點：可儲存路線、查詢指定車站時刻表，並可依需求設定偏好，例如自由席／指定席優先查詢、最快／最便宜／轉乘最少次的路線等。

缺點：僅日文版本。

自駕推薦

Mapcode+

這是個可以把地址轉換成 Map Code 的工具。Map Code 為日本獨有的地圖系統，由 6～12 個數字所組成，以此標示出詳細的位置資訊。日本租車的導航機器，除了地址及電話號碼以外，也可輸入 Map Code 來設定目的地。透過這款 App，就算不會日文，也能使用租車的導航系統，順利抵達目的地。

計程車

DiDi

優點：能事前在台灣進行電話認證，在當地可以使用已經登錄的信用卡付款，不用擔心溝通不良，可有效率前往目的地。

缺點：叫車範圍非擴及全日本，東北僅有宮城縣、青森縣、秋田縣的部分地區可使用。

善用氣候查詢工具

旅遊時最怕天氣不好或沒看到憧憬已久的景色，以下提供查詢當地天氣狀況的兩個網站，出發前多加利用，有需要時還可以調整行程。

	tenki.jp	instagram.com
優點	不只可查詢未來 10 天的天氣，還有櫻花、楓葉特輯，在花季時期會提供當地資訊	以照片為主的社群網站 Instagram，全球用戶已超過 5 億人口，可在此查詢著名景點的第一手狀況
使用方式	若首頁沒有想查詢的地點，可點選右下角「住所から検索」，直接輸入地名或郵遞區號即可查詢天氣預報。查詢櫻花、楓葉等可點選右上角的「季節特輯」	登入後，在搜尋欄輸入景點或地名，用「地標」或「標籤」查詢，並選擇「最新」，就能看到該地最新的公開貼文

★推薦以 Instagram 查詢櫻花的生長狀況或楓葉的顏色變化，用 tenki.jp 查詢下雪預測（雪景較容易因一時的大雨或大雪而改變景色，差一天也可能差很多）。製表／邱文心

緊急求助單位與電話

在日本遇到緊急狀況時，請勿驚慌，可尋求以下單位的幫助。

單位	情況	電話號碼
警察局	車禍、搶劫等	110（日文）／03-3501-0110（英文）
警察局諮詢電話	非緊急性的諮詢	#9110
消防廳	需要救護車或消防車時	119
日本救助熱線	緊急狀況對應	0120-461-997
台北駐日經濟文化代表處	簽證、護照等事項	03-3280-7811
台北駐日經濟文化代表處（緊急）	車禍、搶劫、需要救助等緊急時撥打專線	03-3280-7917
台灣外交部	旅外國人全球急難救助免付費專線電話	001-800-0885-0885

★如果租車自駕遇到事故，就算不是撞到車子或人，只是跟牆壁小擦撞，也一定要同時**報警及聯絡租車公司**。
製表／邱文心

世界主題之旅 141

日本東北，就從仙台出發！

宮城、山形、福島的自然絕景與經典城鎮

國家圖書館出版品預行編目（CIP）資料

日本東北，就從仙台出發！：宮城、山形、福島的自然絕景與經典城鎮 / 邱文心作 . -- 二版 . -- 臺北市：太雅，2024.01
面；　公分 . --（世界主題之旅；141）
ISBN 978-986-336-475-7(平裝)

1.CST: 旅遊 2.CST: 日本

731.7109　　112018286

作　　者	邱文心
總 編 輯	張芳玲
編輯部主任	張焙宜
發想企劃	taiya 旅遊研究室
企劃編輯	詹湘伃
主責編輯	林云也、張焙宜
特約編輯	黃　琦
修訂編輯	鄧鈺澐
封面設計	簡至成
美術設計	賴維明
地圖繪製	陳淑瑩
修訂美編	簡至成

太雅出版社
TEL：(02)2368-7911　FAX：(02)2368-1531
E-mail：taiya@morningstar.com.tw
太雅網址：http://taiya.morningstar.com.tw
購書網址：http://www.morningstar.com.tw
讀者專線：(02)2367-2044、(02)2367-2047

出 版 者	太雅出版有限公司 106020 台北市大安區辛亥路一段 30 號 9 樓 行政院新聞局局版台業字第五〇〇四號
讀者服務專線	TEL：(02)2367-2044 ／ (04)2359-5819#230
讀者傳真專線	FAX：(02)2363-5741 ／ (04)2359-5493
讀者專用信箱	service@morningstar.com.tw
網路書店	http://www.morningstar.com.tw
郵政劃撥	15060393(知己圖書股份有限公司)
法律顧問	陳思成律師
印　　刷	上好印刷股份有限公司　TEL：(04)2315-0280
裝　　訂	大和精緻製訂股份有限公司　TEL：(04)2311-0221
二　　版	西元 2024 年 01 月 01 日
定　　價	400 元

本書如有破損或缺頁，退換書請寄至：
台中市西屯區工業 30 路 1 號　太雅出版倉儲部收)
ISBN 978-986-336-475-7
Published by TAIYA Publishing Co.,Ltd.
Printed in Taiwan